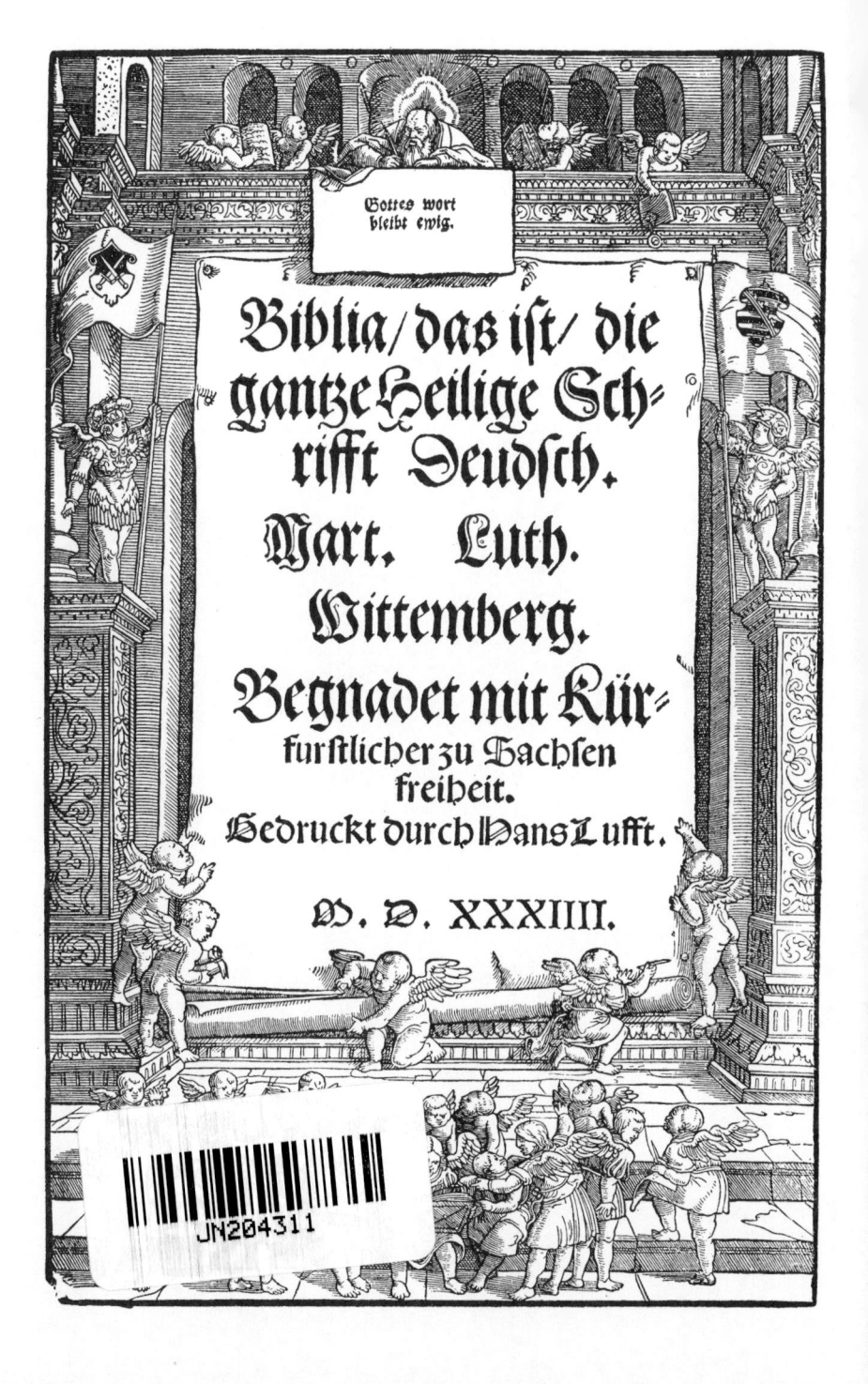

Gottes wort bleibt ewig.

Biblia/das ist/ die gantze Heilige Schrifft Deudsch.

Mart. Luth.

Wittemberg.

Begnadet mit Kürfurstlicher zu Sachsen freiheit.

Gedruckt durch Hans Lufft.

M. D. XXXIIII.

監修者——木村靖二／岸本美緒／小松久男／佐藤次高

［カバー表写真］
クラーナハによるルターの肖像

［カバー裏写真］
ヴィッテンベルクのルター像

［扉写真］
ルターによるドイツ語訳聖書

世界史リブレット人50

ルター

ヨーロッパ中世世界の破壊者

Morita Yasukazu
森田安一

目次

ヨーロッパ中世世界の破壊者

ヨーロッパ中世世界はカトリック教会により信仰的に統一された世界であり、ローマ教皇を頂点とする普遍的な教会組織によって一元的に支配されていた。教会に所属する聖職者は裁判籍特権を有し、原則的に世俗裁判に服す必要はなかった。また、彼らは非課税特権をもつ一方、教会十分の一税▲を徴収する特権階級であった。とくにドイツでは司教・大司教といった高位聖職者は強大な封建領主でもあり、マインツ・トリーア・ケルンの大司教は選帝侯▲の地位にあった。封建諸侯は競って司教・大司教の地位に自分の子弟をつけようとした。宗教改革前夜には一八をくだらない大司教・司教領が諸侯の子弟によって支配されていた。諸侯は高位聖職者の地位を権力拡大のための家門政策の手段に利用

▼教会十分の一税　教会が教会運営や聖職者の生計を維持するために教区民から生産物のおよそ十分の一を徴収した教会税。穀物や大型家畜に課せられた大十分の一税と果物・野菜・小型家畜に課せられた小十分の一税があったが、俗人領主がこの権利を獲得し、それをさらに転売・質入れをしたため、宗教改革期にはこの税の可否論争が生まれた。

▼選帝侯　皇帝カール四世が制定した一三五六年の金印勅書によって、ドイツ国王を選出する七人の選帝侯が定められた。マインツ大司教、トリーア大司教、ケルン大司教の三人の聖界諸侯と、プファルツ伯、ザクセン侯、ブランデンブルク辺境伯、ベーメン王の四人の俗界諸侯である。ドイツ国王はローマ教皇から帝冠を受けると、皇帝につくことになる。

しており、機会がありさえすれば、できるかぎり多くの高位聖職者の地位を同一家門の手中に集積しようとした。のちに触れるように、贖宥《しょくゆう》符販売で有名なブランデンブルク家のアルブレヒト(一六頁用語解説参照)はその典型的な例である。諸侯・貴族は自分の子弟を高位聖職者の地位につけさせることに奔走した。まさに高位聖職者の地位は諸侯・貴族の次男・三男の養育施設化していた。司教の地位につける市民出身者はほとんど例外的存在だった。

中世社会は「祈る人・戦う人・働く人」(聖職者・貴族・農民)という三身分から構成されるといわれるが、人的には高位聖職者と貴族の間には密接な関係が保たれていた。それに対して農村・農民は、他の二つの身分に厳しく支配される存在で、そこには封建的な縦の支配関係が貫徹していた。しかし、この中世社会の図式には都市・市民が脱落している。彼らも重要な構成要素であったが、都市は共同体として市民同士の横の水平的な仲間関係で結ばれ、縦の上下の支配関係が主軸である封建的な中世社会では異質であった。

宗教改革者マルティン・ルター(一四八三〜一五四六)はこうした社会を変革しようとしたわけではない。しかし、カトリックの立場に立つ宗教改革史家ヨ

●──十五世紀末のドイツ・スイス・イタリア

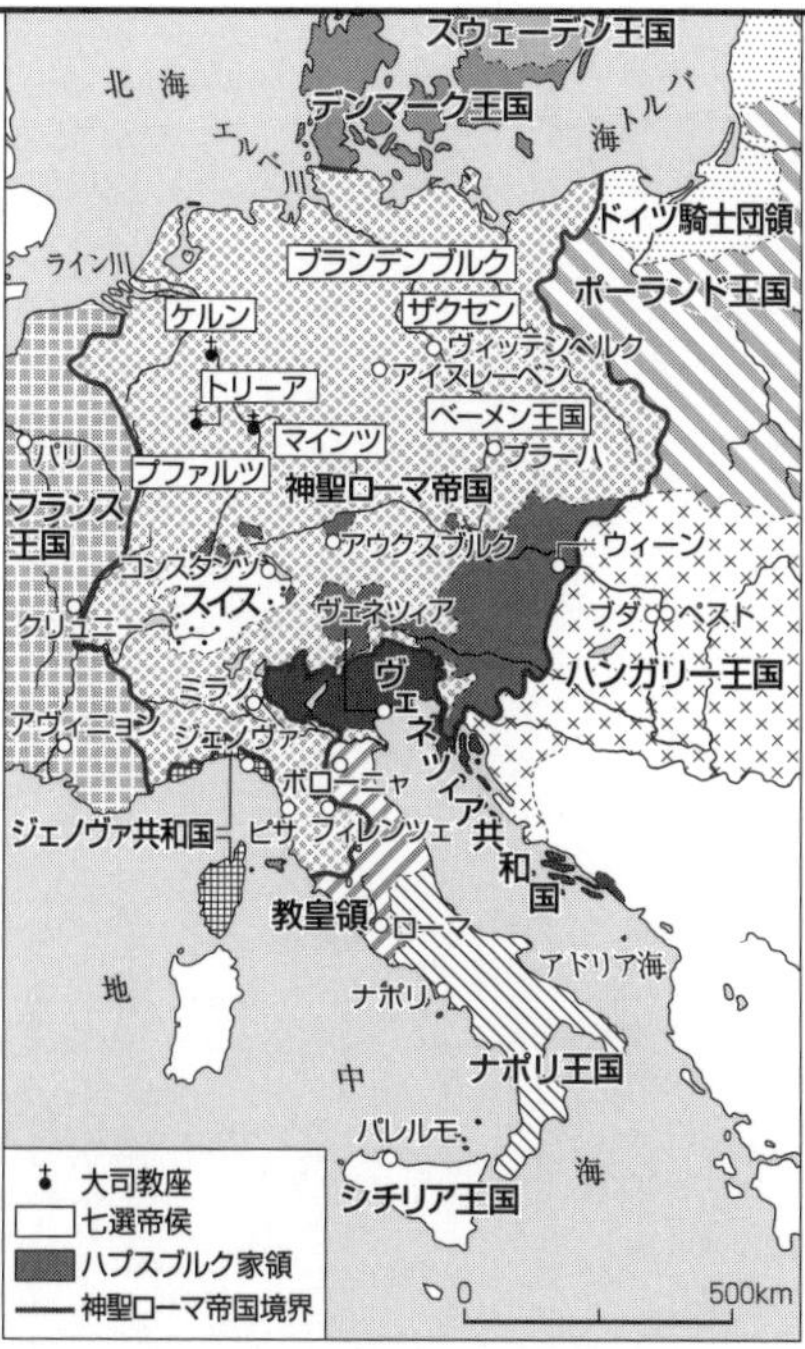

●──三身分制の図　ヨハネス・リヒテンベルガー『預言の書』（一四九二年）にみられる中世の三身分制を端的に示す木版画。絵の中央に裁き人としてのキリストが手を広げ、左側に教皇を先頭に聖職者たちが立ち、右側に皇帝をはじめ貴族たちが立ち、中央手前には農民が働いている。

ーゼフ・ロルツ▲は、彼の大著『ドイツにおける宗教改革』（一九三九年初版）において次のように述べている。

ドイツ宗教改革とは大部分マルティン・ルターのことである。また、ルターは宗教改革時代のドイツ史の大部分でもある。それゆえ、彼は、この時代の歴史的考察にあたって、その重要性に応じる詳細な叙述を要求することが許される。

ルターはそもそも宗教者として真摯に修道院のなかでカトリックの教えに従う生活をしていた。そのかたわら、聖書研究を続け、「人は信仰のみによって救われる」という信仰義認論を発見した。そのよって立つところは聖書であり、「聖書のみによって」救われるという聖書原理の主張であった。これが文字通り実践されれば、教会制度や聖職者を必要としないという考えにいたる。それゆえ、この考えはカトリック教会システムを破壊するには強力な武器となった。こうして、ルターの教えは歴史の大きな転回点を形成し、その後のヨーロッパの社会・政治・文化・経済に変革をもたらすことになった。

本書ではルターの生涯を追いながら、ロルツの主張するように、宗教改革時

▼**ヨーゼフ・ロルツ**（一八八七〜一九七五）　一九三三年、ナチの権力掌握をした折に、『国家社会主義へのカトリック適応化』を書いたが、のちにナチに背を向ける。戦後、エキュメニズム運動（キリスト教一致推進運動）の発展に大きく貢献した。主著に『教会史』（神山四郎訳、ドン・ボスコ社一九五六年）がある。

代の歴史的考察を進め、一五五五年の「アウクスブルク宗教平和」においてルター派が容認されるまでをみていきたい。

①—改革者ルターの誕生

ルターの祖先

ルターは一四八三年十一月十日に鉱山夫の子としてドイツ中部アイスレーベンに生まれた。しかし、ルター本人は繰り返し、農民出身だったことを意識し、誇っていた。『卓上語録』(ルターが宗教改革成功後に彼の食卓仲間に語った語録)の一五三八年四月の記述に、「私はアイゼナハ郊外メーラ村の農民の息子だが、それでも聖書の博士になり、教皇の敵になった」とある。

祖父はハイネ・ルダー(一四三〇頃〜一五一〇頃)といい、ルターの元来の苗字はルダーだった。当時人文主義者たちは名前をギリシア風に変えることがはやっていた。ルターも親しい友人に宛てた手紙では、エレウテリウスと署名していた。そのギリシア語の意味は「自由である者」で、Eleutheriusというスペリングの一部をとって、ルターと名乗るようになったといわれる。その時期はルター史上重要な点なのであとでふれることにする。

祖父ハイネはメーラ村の永代借地農であった。ただし、他のドイツ地域と異

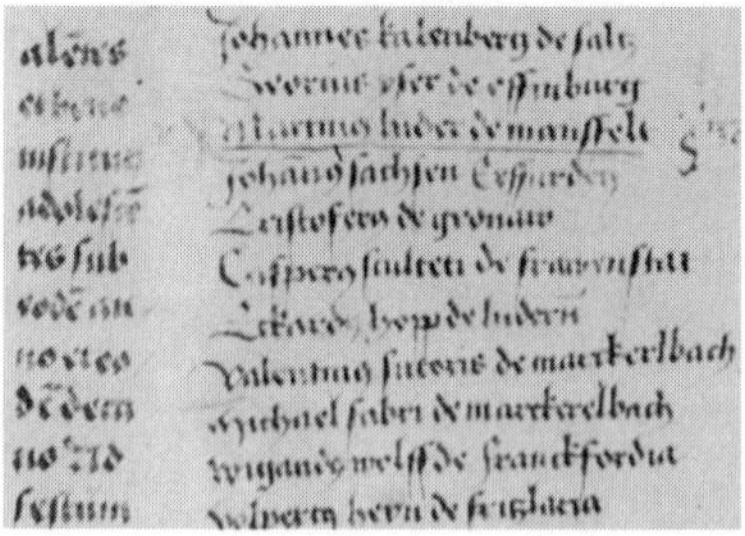

ヴィッテンベルク大学学籍名簿　右側上から三行目にルターの名前が書かれているが、大学時代はまだルダーとなっている(Martinus luder de mansfelt)。

▼ライプヘル(体僕領主)　中世の農民は三人の領主をいただいていた。農民の人格を支配した領主を体僕領主という。農民の結婚に干渉し、移住の自由を制限して、相続税を課した。土地領主は農民に土地を貸与し、地代(労働地代〈賦役〉、現物地代〈生産物〉、貨幣地代〈金銭〉)を徴収した。

地域的支配権をもつ裁判領主は一定の公租を課し、裁判にあたっては手数料・罰金を取得した。多くの場合、体僕領主と土地領主は同一領主の場合が多かったが、領主関係は複雑な場合があった。

ハンス・ルダー（一四五九〜一五三〇）

マルガレーテ・リンデマン（一四六〇〜一五三一）

なってライプヘル▲をいただかず、直接国主であるザクセン選帝侯に納税義務を負う完全自由農民であった。メーラの農民は自由に相続を許されていたが、慣習として末子相続であった。長男であった改革者ルターの父ハンス・ルダーは二〇歳のときに一歳年下のマルガレーテ・リンデマンと結婚し、村をでる決心をした。ハイネ・ルダーは農業のほかに銅鉱山業にもかかわっていたらしく、ハンスは若干の資金と鉱山知識をたずさえて、アイスレーベンに向かった。アイスレーベンは人口四〇〇〇人ほどの都市であったが、リンデマン家はアイスレーベンの有力家系だった。都市内だけではなく、農村の上層農民と自由な交流があり、農村のルダー家と都市のリンデマン家の結婚はありえないことではなかった。一四八三年秋にハンス・ルダーは身重の妻といとけない息子を連れて、アイスレーベンに向かった。

アイスレーベンで生活を始めてすぐの十一月十日聖マルティヌスの日に次男が生まれた。その男の子がのちの改革者になるマルティンである。しかし、ハンス・ルダーはアイスレーベンでは仕事がうまくいかなかったとみえて、半年後、銅鉱業のさかんなマンスフェルトに移住した。この地で刻苦勉励して、ルダーは溶鉱炉を賃借できるほどの小資本家になった。マルティンの弟ヤーコプが家督を継いだときには、家屋敷のほかに一二五〇グルデン▲の現金があったという。一四九一年にはルダーは、四人の市民代表の一人に選ばれ、市政にも関与できるまで身分上昇をした。その結果、息子にも期待をかけ、マルティンには大学で法学を学ばせようとしたのである。

ルター、修道士となる

マルティンは一五〇一年にエアフルト大学▲に入学したが、父親の意に反して、一〇五年に勉学途中で、突然に同地のアウグスティヌス修道会にはいってしまった。修道院では、救いに預かるために「自己懲罰」ともいうべき厳しい修道生活を追求した。一五三三年の小著『ザクセン公ゲオルクへの返答』のなかでルター自身が次のように修道士生活を証言している。

私が敬虔《けいけん》な修道士であったことは本当です。修道院の戒律を実に厳格に守ったと断言できます。修道生活によって天国にはいれる修道士があるとすれば、私は天国に行けると思います。私を知っている修道院の兄弟たちは

▼グルデン　一二五二年に金含有量三・五グラムのフローリン金貨が鋳造され、一二八四年以降フローリン金貨を模して、ヴェネツィアでドゥカート金貨が鋳造された。これがドイツに流入してグルデン金貨と呼ばれ、ドイツやスイス各地で鋳造された。しかし、鋳造技術の未熟、改鋳の際の質低下などにより、時の経過とともにグルデン金貨の質は低下した。グルデン金貨が今日どの程度の価値であったかを推定することは困難であるが、ある史料によれば一〇グルデンあれば、大学生がかつかつの生活で一年間遊学できたという。

▼エアフルト大学　一三七九年に創建された古い大学だったが、エアフルトの町がプロイセン領になり、一八一六年に廃学となった。一九九四年になって大学改革のモデル校として再開学した。ルターの時代には法学教育で有名だったので、父親はルターを近くの神学教育で有名なライプツィヒ大学ではなく、この大学に学ばせたといわれる。

●—**アウグスティヌス修道院教会**　一二四三年に教皇インノケンティウス四世に設立認可を受けた、アウグスティヌス会則にもとづく托鉢修道会。エアフルトには一二六六年に定住を認められ、七七年より修道院建設が始まった。ルターはこの修道院に一五〇五年から一一年まで属していた。

●—**アウグスティヌス修道院教会入口**
入口左側の像は聖アウグスティヌス像。

●—**アウグスティヌス修道院内のルターの居室**　一九一〇年頃の歴史的な写真(現在は改築されている)。

▼エリク・エリクソン(一九〇二〜九四)　ドイツ生まれの精神分析学者。一九三三年、ナチの迫害を逃れて渡米し、帰化。フロイトの自我研究を継承発展させ、人格の形成に関する精神分析理論を構築した。ルターに関する著作として『青年ルター』(大沼隆訳、教文館 一九七九年)がある。

誰でもこのことを証言してくれるでしょう。なぜなら、私の修道生活がもっと長く続いていたら、私は徹夜、祈禱《きとう》、読書その他の聖務に責めさいなまれてほとんど死ぬばかりだったからです。

ルターは二日も三日も飲食せず「自己懲罰」をして、徹底した禁欲的苦行の生活を修道士時代に送っていた。それはいったいいかなる理由があったのだろうか。修道院入会の突飛さと、修道院における異常なまでに過酷な自己懲罰を医学的・精神病理学的に分析して説明しようとする試みもある。アメリカの発達心理学者エリクソン▲はこれをルターの厳しい父親に対する父性コンプレックスのなせる業とみている。

一五〇八年にルターはザクセン選帝侯のお膝元ヴィッテンベルクのアウグスティヌス修道院に移された。ヴィッテンベルクには一五〇二年に創立したばかりの大学があり、ルターは修道生活のかたわら一三年以降、当大学の聖書学教授となった。修道院のなかでは、修道院の教えを守り、人間の意志・努力による無限の力を信じ、徹底した禁欲的苦行をしたのであろう。この行為の結果、ルターは求める救い、心の安静を獲得しえたであろうか。答えは否であった。

自己完成をめざして努力すればするほど、ルターは絶望を感じることになる。神は恵みを与えるものではなく、裁きをおこなうものであり、怒りの神であるとみて、その結果、神を亡き者にしようとさえ考えた、とルターはのちに述べている。この絶望のときにヴィッテンベルクのアウグスティヌス修道院の自室で聖書研究に没頭し、そこで「人は信仰のみによって救われる」という真理を発見する。これを「塔の体験▲」という。つまり、「人が義とされるのは、律法の行いによるのではなく、信仰によるのである」(ローマ書三章二八節)を再発見したのである。「怒りの神」の背後に「恵みの神」を信じることによって、キリスト者は現実には罪人であるが、神の恩恵(愛)によって信仰において義人である(「義人にして同時に罪人」)ことを悟った。救いはひたすら恩恵の神を信頼するのみで、律法遵守的行為によるのではない、とした。ここにルターはカトリック教会とは本質的に異なる宗教的真理(福音)を発見したが、それは修道院における内面的闘争から生まれたものである。宗教改革の出発点とされる教会の弊害に対する憤懣《ふんまん》から出たものではない。宗教的真理を発見したのは、修道士・聖書解釈者たるルターであって、教会批判者としてのルターではなかった。

▼**「塔の体験」** ルターは後年『卓上語録』で「この塔のなかで聖霊が私に聖書を啓示した」と述べている。この発言から、宗教改革的認識をえたことを「塔の体験」というが、ヴィッテンベルクのアウグスティヌス修道院の塔にある部屋は確定されていない。

アウグスティヌス修道院内にあるルターの家

●——一五三六年に描かれたエルベ川から見たヴィッテンベルクの町の風景
中央が町教会のマリーエン教会。左端がヴィッテンベルク城と城教会。

●——城教会

●—**ヴィッテンベルク市庁舎前広場**　ルター像(カバー裏参照)とメランヒトン像があり、奥の教会はマリーエン教会。

●—**マリーエン教会**

●—**マリーエン教会内部**　奥にクラーナハの傑作祭壇画(四七頁参照)。

以上のようにして、宗教改革の三大原理、「恩寵《おんちょう》のみによって」（sola garatia）・「信仰のみによって」（sola fide）・「聖書のみによって」（sola scripture）が生まれてくる。「人はただ信仰のみによって義とされ（信仰義認論）、その信仰のよりどころは聖書以外にない（聖書主義）」、そして救いは神の恩寵のみによるという新しい信仰原理を確信するにいたった（「宗教改革原理」の発見）のである。そして、個人的に獲得した「救いの確かさ」を客観的に確証しようとして、大学において「ローマ書」の講義を開始する。

また、一五一四年以降はヴィッテンベルクの町教会の説教師としても活躍するが、このあとしばらく、ルターの活躍は修道院内、とくに大学における講義・研究にかぎられていた。しかし、公開の神学討論をつうじてルターは自分のえた宗教的確信を公の場で示し、同調者を獲得していった。彼が最初におこなった神学討論は一六年九月のことであった。ある学生の神学命題集資格取得のための討論提題として、ルターは『恩恵によらない人間の力と意志について』という論文を書いた。題名からも推測できるように、自然的人間の力と意志、律法の遵守だけでは罪の許しはえられず、救いへの道がないことが論じら

▼ニコラウス・フォン・アムスドルフ（一四八三〜一五六五）　ライプツィヒ大学およびヴィッテンベルク大学に学び、一五一一年以降ヴィッテンベルク大学の神学教授となった。ルター支持者となり、ライプツィヒ討論会やヴォルムス帝国議会にはルターに随行している。

▼アンドレアス・ボーデンシュタイン・フォン・カールシュタット（一四八六〜一五四一）　エアフルト大学およびケルン大学に学んだあと、一五一〇年にヴィッテンベルク大学から博士の学位を与えられた。一一年以降ヴィッテンベルク大学でスコラ学に関する講義をし、神学部長のときにルターに神学博士を授与した。のちにルターの同僚として、彼の改革思想を支持していく。一九年のライプツィヒ討論会にルターとともに参加した。しかし、のちにルターと対立することになり、二三〜二四年にオルラミュンデの牧師となって、自らの改革をおこなった。農民戦争の混乱のなかで各地を転々としたのち、三一年以降チューリヒやバーゼルの宗教改革に協力し、三四年以降バーゼル大学教授となり、同地で亡くなった。

れている。当初ルターの考えに反対であった同僚アムスドルフ▲やカールシュタット▲もルターに従うようになった。

この討論会からちょうど一年後の一七年九月四日に『スコラ神学反駁《はんばく》』をめぐる討論会がおこなわれている。『反駁』は当時神学部長であったルターが指導学生の修士審査の討論にあたって課した提題である。提題数は九九カ条あるが、ルターののちの基本的考えがみられるので、部分的に引用してみよう。

第四条　悪い木［マタイ七・一八］となった人間は、悪を望み、悪をおこなうことのほかはできない、ということは真理である。

第六条　意志はその本性上正しき規範を満たすことができる、ということはいつわりである。このことはスコトゥス▲およびガブリエル▲に反対するものである。

第七条　意志は神の恩寵がなければ、必然的によこしまで邪悪な行為を生み出すものである。

第八条　それゆえ、意志は本性上悪であるということになる。

第七九条　神の恩寵なしに、律法に向かう意志は、自身に都合のよい理由

▼**ドゥンス・スコトゥス**（一二六六？〜一三〇八）　スコットランド生まれのスコラ学者。フランチェスコ会修道士で精妙博士と呼ばれ、信仰と理性の調和を唱えたトマス・アクィナスを批判した。主著として『命題集註』がある。

▼**ガブリエル・ビール**（一四二〇頃〜九五）　ハイデルベルク、ケルン、エアフルトの各大学に学び、一四六〇年代前半にマインツ大聖堂の説教師となる。テュービンゲン大学の創設にかかわり、同大学の初代神学教授となり、一四八四年と八九年には学長になっている。オッカム主義の唯名論に立ち、若きルターに大きな影響を与えた。

でそのようにするのである。

第八〇条　律法の業をおこなうものは、すべて呪われる。

第八一条　神の恩寵による業をおこなうものは、すべて祝福される。

ここには人間の意志は自由ではなく、奴隷の意志であることがいわれ、律法と恩寵の対比が示されている。のちのエラスムス▲との対決の芽がここにすでにみられている。

贖宥符販売

大学内で神学論争がおこなわれていた時期に、宗教改革の引き金になる贖宥《しょくゆう》符販売が外では問題になっていた。それは冒頭で述べた高位聖職者の地位が諸侯の子弟の養育施設化していたことにかかわっている。一五一四年三月、ブランデンブルク選帝侯ヨアヒムの弟アルブレヒト▲がマインツ大司教に選出された。しかも、その前年、一五一三年八月にアルブレヒトはマクデブルク大司教に、その翌九月には空位のハルバーシュタット司教の管理者にも選出され、聖職の集積をおこなっていた。ブランデンブルク選帝侯家は三つの高位聖職者の地位

▼デジデリウス・エラスムス（一四六六／六九〜一五三六）　オランダのロッテルダムに生まれ、パリ大学に学ぶ。代表作『愚神礼讃』をはじめ、多くの著書を書いて「人文主義の王者」と呼ばれる。一五一六年に出版された『校訂新約聖書』はルターのドイツ語訳聖書『九月聖書』に影響を与えた。しかし、キリスト教的人文主義の立場から『評論・自由意志について』を二四年に執筆し、ルターと対立するようになった。

▼アルブレヒト・フォン・ブランデンブルク（一四九〇〜一五四五）　兄ヨアヒム一世（在位一四九九〜一五三五）とブランデンブルク辺境伯領を共同統治していたが、一五〇六年に聖職者となり、一三年、二三歳でマクデブルク大司教になった。一四年

マインツ大司教、一八年には枢機卿になる。ドイツにおけるルネサンス的君主の代表で、教会の改築を進めて、クラーナハたちに多くの祭壇画を描かせている。宗教改革に対しては兄ヨアヒム一世の方が厳しい対応をしたといわれる。

▼フッガー家　アウクスブルクに本拠をおく十六世紀ヨーロッパにおける最大の国際的金融業者。フッガー家が最盛期を築いたのは「富豪」と渾名されたヤーコプのときで、銀・銅・明礬の鉱山業に投資し、ついで教皇庁・皇帝・諸侯を相手に貨幣・信用取引をして財を築いた。アルブレヒト・フォン・ブランデンブルクに資金を提供しただけでなく、皇帝カール五世の選挙資金も提供している。

を弱冠二四歳のアルブレヒトに確保したことになる。マインツ大司教の地位はカトリック教会のヒエラルキーではドイツにおける最高位で、アルプス以北でのローマ教皇の代理人であった。政治的には、選帝侯で神聖ローマの帝国書記官長の地位にあり、ブランデンブルク家は選帝侯票の二票を確保し、政治的にも大きな意味をもったことになる。

　しかし、高位聖職の集積は教会法に違反しているので、教皇の特免を必要とした。そのためにアルブレヒトは一万ドゥカートを教皇に支払わねばならなかった。そのうえ、大司教に教皇から親授される祭服（パリウム）の代金一万四〇〇〇ドゥカートも払う必要があった。アルブレヒトはマインツ大司教の選出にあたって司教区民の費用負担をさせず、ブランデンブルク家の資産を使うことを約束していた。しかし、この高額の金をまかなうにはフッガー家▲に借金せざるをえなかった。

　この高額の借金返済方法をローマ教皇庁は示してくれた。教皇レオ十世は一五一五年三月にサン・ピエトロ大聖堂のための贖宥に関する教書を発し、アルブレヒトに彼の大司教管区や兄ヨアヒムの領地で贖宥を説き勧める許可を与えた。贖宥符売り上げの一半は教皇庁へ、他の一半はアルブレヒトへ、つまりはフッガー家への債務返済にあてられた。売り上げを伸ばすために贖宥符は免罪符として売られることになる。

そもそも贖宥とは何か。カトリックの七つの秘蹟《ひせき》のうち告解(悔悛《かいしゅん》)の秘蹟にかかわるものである。この秘蹟は三つの部分から構成される。第一は犯した罪を心から悔い改める信徒の行為部分、第二には、信徒が罪を司祭の前で告白して司祭から罪の赦《ゆる》しを宣言してもらう神の恩寵部分、第三に罪の赦しに対し信徒がつぐないの行為をする部分である。最後の部分は教会が信徒に課す刑罰であり、断食の要求や金銭による代替がしばしば求められた。贖宥はこの刑罰部分を完全に、あるいは部分的に免除するものであった。したがって、贖宥自体は問題を含むものではなく、告解の手続きを踏めば、贖宥符購入は決してカトリック教会の教えに反することではなかった。

ところが、サン・ピエトロ大聖堂の改築資金の捻出とアルブレヒトの債務返済のためには贖宥符を大量に売る必要があった。辣腕の贖宥符販売説教師、ドミニコ会修道士ヨハネス・テッツェルが活躍することになる。ニュルンベルク

●レオ十世（在位一五一三〜二一）　ロレンツォ・デ・メディチの次男に生まれ、メディチ家の権勢を背景に一四九二年一六歳の若さで枢機卿となる。一五一三年に教皇に選出されたが、前任のユリウス二世（在位一五〇三〜一三）が「軍人教皇」と渾名され、戦陣の先頭に立ったのに対して、レオは平和の愛好者であった。彼は絵画・音楽などの芸術を愛し、ラファエロら芸術家や人文主義者のパトロンになり、ローマのルネサンスの発展に貢献した。サン・ピエトロ大聖堂の改築を手がけ、巨額の資金をつぎ込んだ。枯渇した国庫を救うために贖宥符販売に走らざるをえなかった。

●サン・ピエトロ大聖堂

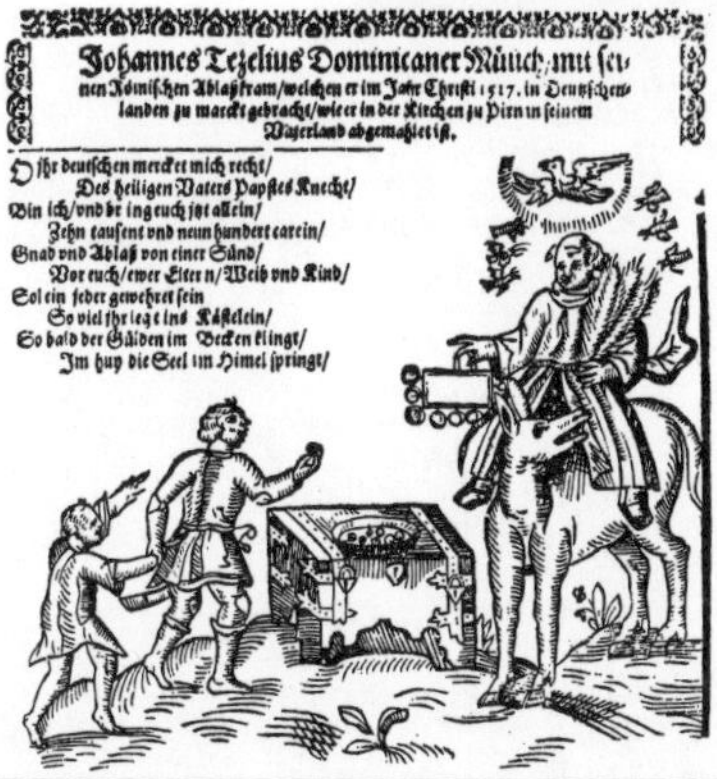

●ヨハネス・テッツェル（一四六五頃?〜一五一九）　ライプツィヒ大学で神学を学んだあと、一四八九年にドミニコ会修道士となった。一五〇四年より贖宥説教者となり、各地で雄弁な説教活動をおこない、人々に贖宥符を買うように勧めた。一七年にマインツ大司教アルブレヒトの委託を受けた贖宥符販売がルターの宗教改革の引き金になった。一九年ライプツィヒ宗教討論会の最中にペストで亡くなった。図は一六一七年宗教改革百年記念で製作されたと考えられる木版画ビラ。

▼**ハンス・ザックス**（一四九四〜一五七六）　ニュルンベルクで靴屋の親方として仕事をしながら、マイスタージンガー（職匠歌人）として活躍した。総計約六二〇〇篇の作品を残したといわれる。その大多数は職匠歌だが、謝肉祭劇を含めた戯曲や説話詩も書いている。説話詩のジャンルにはいる『ヴィッテンベルクの鶯』は一五二三年に書かれ、カトリック教会の貪欲・腐敗ぶりを描き、ルター宗教改革の後押しをしている。

の職匠歌人・靴屋のハンス・ザックス▲は彼の出世作『ヴィッテンベルクの鶯《うぐいす》』のなかで次のように贖宥符販売のようすを描いている。

投資をしなさい、あなたがたの援助と義援金を差し出して
煉獄から魂を救い出しなさい！
グルデン金貨が箱のなかでチャリンと音を立てるやいなや
魂は天国に飛び上がるのだ

告解の秘蹟とはまったく関係なく、ここでは、告解をすることがもはやできない煉獄で苦しんでいる魂までもが救えると唱えている。キリスト教の核心である悔い改めもなく、「贖宥符」としてではなく、つぐないもなく、金銭だけで罪が免ぜられるという「免罪符」というかたちで売られていた。キリスト者に求められる「悔い改める」という行為をないがしろにしたテッツェルの販売行為は、キリスト教を危機におとしいれる危険をはらんでいたが、苦難と不安のなかで日常を過ごしていた人々は、教皇の御旗を掲げて売られた「免罪符」を安易で確実な救いの保証とみなし、殺到して購入した。

贖宥符（免罪符）問題は、サン・ピエトロ大聖堂の改築に多額の資金を必要と

していた教皇庁の財庫主義、封建諸侯の家門政策に由来する高位聖職の兼職、それに、確実な救いを求めた人々の安易な願望の三者が結合しており、宗教改革前夜の宗教危機を端的にあらわしていた。

『九五カ条の論題』

ルターは一五一七年十月三十一日に『九五カ条の論題』を発表し、贖宥符販売が生み出す宗教的危機を指摘した。いくつかの条項を書き出してみよう。

第二一条　教皇の贖宥によって、人はすべての罰から赦免され、救われると述べるあの贖宥説教者たちは間違っている。

第二七条　お金が箱のなかでチャリンと鳴るやいなや、ただちに魂が煉獄から飛び上がるという人は人間の教えを説いているのである。

第三六条　真に悔い改めたキリスト者ならば誰でも、贖宥符なしでも罰と罪からの完全な赦免の権利をもっている。

第三七条　真のキリスト者なら誰でも、生きている者でも死んでいる者でも、キリストと教会のすべての宝に預かっている。神がそのことを贖宥符なしでも保証してくださっているからである。

ルターは贖宥符販売を徹底的に批判するが、『九五カ条の論題』には前文があり、次のように述べている。

真理への愛から、そして真理を明らかにする願いを込めて、ヴィッテンベルクにおいて……ルターの司会のもとで以下の条項を討論することにする。出席できず私たちと口頭で話しえない人は文書でこれをしていただくようにお願いする。

『スコラ神学反駁』をめぐる討論会に引き続き、ルターは公開の討論を提案した。しかし、これは実現しなかった。ただし、マインツ大司教アルブレヒトには十月三十一日付で『論題』を送っている。それへの応答はなかったが、『論題』は、「天使ご自身が飛脚であったかのごとく、一四日間のうちに早くも全キリスト教界を一巡した」といわれ、ルターはまたたくまに時の人となった。十月三十一日は宗教改革の狼煙《のろし》が上がった日として、宗教改革記念日となった。

この『論題』は、ルター自身の手でヴィッテンベルクの城教会の扉にハンマーで力強く打ち付けられ、公示された、といわれてきた。カトリック教会をハ

●—ニュルンベルク版『九五カ条の論題』

●—『九五カ条の論題』を貼ったといわれる城教会の扉　城教会は七年戦争の折に破壊され、写真のブロンズ製の扉は一八五八年にプロイセン王フリードリヒ・ヴィルヘルム四世の命によって制作されたもの。

●—「九五カ条貼付」　フェルディナント・パウウェルズの油絵(一八七一/七二年)。

ンマーで打ち砕いたというイメージがそこに植え付けられていた。しかし、一九六〇年代にカトリックの宗教改革研究者イーザーロー▲がこのできごとの信憑性を疑問視した。彼は『論題』の原本もなく、目撃証言もなく、唯一の証言としてはルターの右腕といわれるメランヒトンの記述しかないことを理由にあげた。メランヒトンは、一五四六年のルターの死より三カ月後に出版したルターのラテン語著作集第二巻の序文において、ルターが城教会の扉に『九五カ条の論題』を貼り出したことに初めてふれている。しかし、メランヒトンは一五一八年までテュービンゲンにいてヴィッテンベルクにはおらず、できごとの直接の目撃者でなかった。そのうえに、ルター自身も『論題』の掲示の件についてはまったく語っていない。これらのことから、イーザーローの説が有力になり、それ以降、ルターは城教会の扉に『九五カ条の論題』を掲示しなかったことがほぼ定説となった。

『九五カ条の論題』の掲示問題

二〇〇六年に『九五カ条の論題』の掲示問題をめぐってイエナ大学図書館で

▼エルヴィーン・イーザーロー（一九一五～九六）　ミュンスター大学で神学を学んだあと、一九四〇年に司祭に叙階された。その後にヨーゼフ・ロルツのもとで博士論文を書いた。五四～六四年にトリーア大学、六四～八三年にミュンスター大学で教えた。ルター・宗教改革以外にヨハン・エックやオッカムの研究がある。

新発見があった。ルターの助手であったレーラーのラテン語で書かれたメモ書きが発見されたのである。そこには「一五一七年の万聖節の前夜〔十月三十一日〕にマルティン・ルター博士によってヴィッテンベルクの教会の扉に贖宥に関する論題が掲示された」とある。メモ書きは、一五四〇年にハンス・ルフト印刷工房から出版されたルターの『ドイツ語新約聖書』にそえられた索引の最後の頁にあった。この聖書はルターが使用していたもので、改訂作業をする底本に使われ、ルターやレーラーの多くの書き込みがある。書き込まれた時期は一五四四年と推測され、この史料の発見からふたたび論題掲示をめぐる論争が巻き起こった。メランヒトンの記述と異なり、ルター生前のメモという点で注目されたのである。

メモにある教会と扉は複数形で書かれているので、『九五カ条の論題』は城教会の扉だけではなく、町教会であるマリーエン教会の扉にも掲示されたことが推測される。ヴィッテンベルク大学神学部の学則では、学問的討論をする場合には複数の教会に掲示すべきことが書かれており、学則に合致した内容だったので、メモには信憑性があるように思えた。ところが、掲示を否定する研究者は、事件を実際に目撃していないレーラーが学則に合わせたことを書いたのではないかと疑っている。レーラーがヴィッテンベルクへきたのは一五二七年以降で、彼も実際の掲示の目撃者ではなく、このメモも掲示のときよりおよそ二五年もあとの記述であったからだ。

　イーザーローの研究発表以後にもう一つの発見があった。一九八三年にルターの『スコラ神学反駁』の原本が発見されたことである。その原本を見ると、論題は四ブロックに分けられ、それぞれのブロックは一から二五までローマ数字で番号がふられている。最初のブロックには番号一八が欠落しているので、論題数は全部で九九となる。掲示できるようにポスター形式で印刷されているが、印刷したのはヴィッテンベルク大学関連の出版を担っていたラウ・グルーネンベルク▲印刷工房である。この工房はルターが居住していたアウグスティヌス修道会にあり、ルターの著作も少なからず印刷している。討論の日付と同じ九月四日に、ルターは古い友人であるラング▲(二八頁用語解説参照)に手紙を書き、この論題に関してどこにでも出向いて討論をしたいと書いている。つまり、この『反駁』は掲示のためだけではなく、各所にも送付されたと考えられる。

▼ヨハン・ラウ・グルーネンベルク（?〜一五二七?）　一五〇八年、エアフルトより移住して、ヴィッテンベルクのアウグスティヌス修道院内に印刷工房を設立した。彼以前にすでにニコラウス・マルシャルクが一五〇三年に印刷工房を開業していたが、〇五年には廃業している。一三年、ルターの詩篇講義用のテキストをグルーネンベルクは印刷し、ルター著作の最初の印刷者となる。このテキストはユネスコの「世界の記憶」として指定されている。一九年にライプツィヒの印刷業者ロッターがヴィッテンベルクに支店を出し、印刷工房は二軒になったが、グルーネンベルク印刷工房で職人をしていたハンス・ルフト（一四九五〜一五八四）が二四年にロッターの印刷工房を手に入れて、ルター聖書の印刷をしていくことになる。

●フィリップ・メランヒトン（一四九七〜一五六〇）　テュービンゲン大学に学び、学位をえたあと、一五一八年八月に弱冠二一歳でヴィッテンベルク大学のギリシア教授として赴任した。フリードリヒ賢侯に推薦依頼を受けたヘブライ語の権威で、メランヒトンの大叔父にあたるヨハネス・ロイヒリンは「エラスムスを除いて、彼をこえるものがドイツにいるとは思いません」と述べたという。ルターがアハト刑（四四頁用語解説参照）を受けて公の場に出られなくなると、ルターの右腕として活躍した。主著『神学綱要』を書いたほかに、ルター派の信仰告白『アウクスブルク信仰告白』を書いている。

●バーゼル版『九五カ条の論題』の一部
XXVの次にiになっているのがわかる。

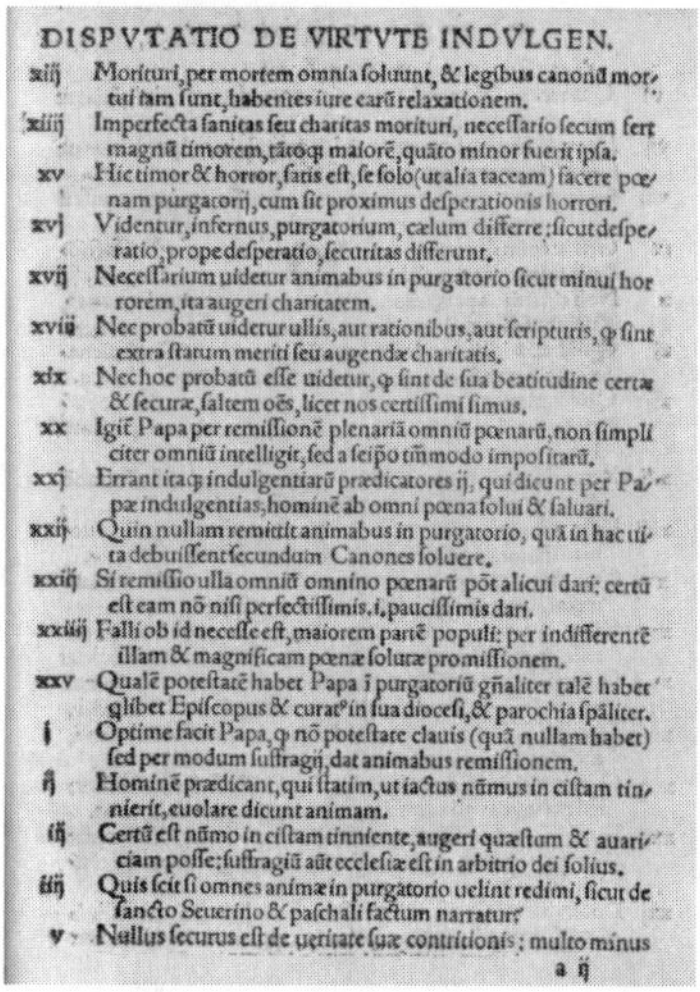

DISPVTATIO DE VIRTVTE INDVLGEN.

xiij Morituri, per mortem omnia ſoluunt, & legibus canonū mortui iam ſunt, habentes iure carū relaxationem.
xiiij Imperfecta ſanitas ſeu charitas morituri, neceſſario ſecum fert magnū timorem, tātoq; maiorē, quāto minor fuerit ipſa.
xv Hic timor & horror, ſatis eſt, ſe ſolo (ut alia taceam) facere pœnam purgatorij, cum ſit proximus deſperationis horrori.
xvj Videntur, infernus, purgatorium, cælum differre; ſicut deſperatio, prope deſperatio, ſecuritas differunt.
xvij Neceſſarium uidetur animabus in purgatorio ſicut minui horrorem, ita augeri charitatem.
xviij Nec probatū uidetur ullis, aut rationibus, aut ſcripturis, q̄ ſint extra ſtatum meriti ſeu augendæ charitatis.
xix Nec hoc probatū eſſe uidetur, q̄ ſint de ſua beatitudine certæ & ſecuræ, ſaltem oēs, licet nos certiſſimi ſimus.
xx Igit̄ Papa per remiſſionē plenariā omniū pœnarū, non ſimpliciter omniū intelligit, ſed a ſeipo tm̄modo impoſitarū.
xxj Errant itaq; indulgentiarū prædicatores ij, qui dicunt per Papæ indulgentias, hominē ab omni pœna ſolui & ſaluari.
xxij Quin nullam remittit animabus in purgatorio, quā in hac uita debuiſſent ſecundum Canones ſoluere.
xxiij Si remiſſio ulla omniū omnino pœnarū pōt alicui dari; certū eſt eam nō niſi perfectiſſimis, i, pauciſſimis dari.
xxiiij Falli ob id neceſſe eſt, maiorem partē populi; per indifferentē illam & magnificam pœnæ ſolutæ promiſſionem.
xxv Qualē poteſtatē habet Papa ī purgatoriū gñaliter talē habet qlibet Epiſcopus & curat⁹ in ſua dioceſi, & parochia ſpāliter.
i Optime facit Papa, q̄ nō poteſtate clauis (quā nullam habet) ſed per modum ſuffragij, dat animabus remiſſionem.
ij Hominē prædicant, qui ſtatim, ut iactus nūmus in ciſtam tinnierit, euolare dicunt animam.
iij Certū eſt nūmo in ciſtam tinniente, augeri quæſtum & auariciam poſſe; ſuffragiū aūt eccleſiæ eſt in arbitrio dei ſolius.
iiij Quis ſcit ſi omnes animæ in purgatorio uelint redimi, ſicut de ſancto Seuerino & paſchali factum narratur?
v Nullus ſecurus eſt de ueritate ſuæ contritionis; multo minus

a ij

●二〇〇六年に発見されたレーラーのメモ書き　ゲオルク・レーラー（一四九二〜一五五七）は一五二〇年にライプツィヒ大学で修士の学位をえたあと、二二年にヴィッテンベルク大学で勉学を続けた。ルターの秘書的役割をはたし、二九年のマールブルク会談などルターの旅行に随行している。また、ルターの手紙や講義の記録を書き残している。イエナ版ルター著作集にたずさわった。

『反駁』の八週間後に『九五カ条の論題』は発表されたが、ヴィッテンベルク版原本は現存しない。残っているのはライプツィヒ・ニュルンベルク・バーゼルで作成された三種類の版である。ライプツィヒ版は論題に通し番号がふられ、最後が八七になっている。一見すると『八七カ条の論題』に見える。途中の通し番号が乱れ、同じ数字が繰り返されているためである。ニュルンベルク版とバーゼル版は『反駁』と同じように二五カ条ごとのブロックになっていて、最後のブロックが二〇カ条で、合計九五カ条になっている。両版の違いは、ニュルンベルク版はポスター形式の印刷で論題の番号がアラビア数字なのに対して、バーゼル版は小冊子になっていて、番号はローマ数字になっている。しかし、二五カ条ずつブロックにした印刷形式は、ラウ・グルーネンベルク印刷工房が印刷した『反駁』原本と一致している。この印刷形式から推測して、『九五カ条の論題』の原本がラウ・グルーネンベルク印刷工房において『反駁』と同様にポスター形式で出版された可能性が指摘できる。

　原本存在の推定を可能にさせるもう一つの手がかりがある。それはルター(Luther)の苗字である。すでに彼の苗字がルダー(Luder)であることはふれたが、

▼ヨハネス・ラング(一四八七〜一五四八)　一五〇〇年、エアフルト大学に入学し、同地の人文主義サークルに接する。その後エアフルトのアウグスティヌス修道院にはいり、ルターと同僚になる。ルターがヴィッテンベルクに赴くと、彼もヴィッテンベルクに行き、神学を学ぶ。一六年エアフルトのアウグスティヌス修道院長となる。二二年修道院を出て、エアフルトの宗教改革運動を推進した。

▼グーテンベルクの印刷術　「書籍印刷なくして宗教改革なし」とい

それをルターと書いた最初の例は、一五一七年十月三十一日にマインツ大司教アルブレヒトへ宛てて『九五カ条の論題』を送ったときの手紙の署名である。『反駁』原本にはたしかにルダーと書かれており、このときはまだ旧来の苗字のままである。ところが、『九五カ条の論題』の現存する三つの版はすべてルターとなっている。『九五カ条の論題』の原本がルターになっていたことを受けて、ルターと記したと考えられる。

以上のことから、ヴィッテンベルク版の『九五カ条の論題』の印刷原本があったことの蓋然性は高い。しかし、ルターが自らハンマーを手にして、城教会の扉に論題ポスターを打ち付けたことは考えにくい。城教会は大学教会をかねており、その教会の扉に討論の論題が貼り出されることは極めて自然なことである。ただし、掲示は大学の用務係がおこなう仕事であり、教授自らが貼ったとは思われない。しかも、複数の教会の扉に貼るということになれば、なおさらである。

『九五カ条の論題』を書いたとき、ルターはすでに三四歳になっており、グーテンベルクの印刷術▲の効用を十分に理解していたと考えるべきであろう。彼

われるように、グーテンベルクの印刷術は改革思想を伝える革命的手段であった。ただし、革命思想の伝播には手軽なパンフレットが利用された。一五〇一～三〇年の三〇年間にドイツ語圏地域において出版されたパンフレットの版数(初版・翻刻版を含めて)は約一万を数えるが、その半数以上はわずか一六頁以下の小冊子であるという。一シートの紙の表裏に印刷して、二度折れば八頁の小冊子となるが、その代金は二ペニヒで、三二頁のパンフレットでもその値段は八ペニヒである。この値段は当時の職人が受け取る一日の賃金の三分の一程度で、にわとり一羽の値段、あるいは牛肉一キロの値段にほぼ等しかった。決して安くはないが、この値段であれば一般市民層でも購入可能であった。とくに八頁あるいは一六頁だてのパンフレットであれば、印刷業者は短時間で印刷でき、しかも比較的安価であった。そのうえ、行商する書籍商も軽くて持ち運びが容易であったから、宿屋でも街角でも簡単に売ることができ、いざ官憲の手入れというときにも即座にパンフレットをかくすことも可能であった。

は晩年に、『論題』の伝播《でんぱ》の早さに驚いているが、その後のローマ教皇に対する戦いにおいて、印刷術をたくみに使い、改革理念を広く伝えていく。掲示より印刷術の駆使が重要と考えていたのであろう。

②―カトリックとの戦い

アウクスブルク審問

『九五カ条の論題』は正確には『贖宥《しょくゆう》の効力を明らかにするための討論提題』であるが、一枚刷りのビラにすぎなかった。『論題』は討論されなかったが、賛否両論の渦が巻き起こった。贖宥符を売り歩いたテッツェルは、一五一八年末に贖宥符に関する一〇六の反対提題を発表し、それをもとに翌年一月にフランクフルト・アン・デア・オーデル大学で神学博士号を取得した。ルターに対抗するための形式的な学位取得であったが、実際は同大学の神学教授コンラート・ヴィンピーナ▲がその反対提題を書いたといわれている。ルターはこれに対して三月に『贖宥と恩寵《おんちょう》についての説教』と題する小著を書いた。これはドイツ語で書かれたルターの最初の著作で、またたくまに版をかさねた。学者向けではなく、一般に向けて書いて、『九五カ条の論題』の内容が広く理解されるようになった。五月には『破門の効力について』という説教をして、破門の拘束力をも公然と批判した。

▼**コンラート・ヴィンピーナ**（一四六五頃～一五三一）　ライプツィヒ大学に学び、一四九一年同大学教授、九四年学長になった。一五〇五年フランクフルト・アン・デア・オーデル大学の創立に努めて、初代学長となる。テッツェルのために学位授与テーゼを作成したことは、ルターの最初の著述上の敵になったといえる。ブランデンブルク選帝侯ヨアヒム一世の神学顧問としても活躍した。

こうした動きのなかで、テッツェルの所属するドミニコ会が策動を始め、一五一八年六月に教皇命令によってルターに対する正式の異端審理が開始された。その結果、六〇日以内に審問のためにローマに出頭するようにという令状が八月七日にヴィッテンベルクのルターのもとに届いた。それに従えば、焚刑《ふんけい》に処せられないまでも、修道院に禁固されることは明白であった。令状を受け取った翌日八月八日に、ルターは国主であるザクセン選帝侯フリードリヒに庇護を求め、自分の審理がドイツ国内でおこなわれるように懇願した。このときアウクスブルク帝国議会が開かれていて、フリードリヒは教皇の代表と協議した。その結果、ルターの審問はアウクスブルクでおこなわれることになった。フリードリヒは自分が新設した大学の有名教授を国主として庇護したいと考えていた。一方、教皇は選帝侯フリードリヒの意を汲んでおく必要に迫られていた。この帝国議会では、ハプスブルク家のマクシミリアン皇帝の後継者選びがおこなわれていたからである。教皇はマクシミリアンの孫スペイン国王カルロス一世の選出を阻止する必要があった。南イタリアのナポリ王国を領有するスペインのハプスブルク家と北イタリアに勢力を張り出していたオーストリアのハプ

▼**トマス・カエタン**（一四六九〜一五三四）　ラテン語名はカエターヌスだが、本名はジャコモ・デ・ヴィオ・カエターノといい、ナポリ王国のガエタに生まれる。一五歳でドミニコ会修道会にはいり、トマス・アクィナスの哲学を研究した。一五〇八〜一八年はドミニコ会修道院総長で、多くの教皇の顧問となり、一七

年以降枢機卿の要職にあった。一八年にアウクスブルク帝国議会に教皇特使として派遣された折、フッガー邸に滞在し、そこで異端の嫌疑でルターを審問した。ルターはヴィッテンベルクに帰還後に『アウクスブルク審問記録』を書いたが、カエタンを「ロバがリュート奏者に向かないように、信仰問題をあつかうにはふさわしくない人物だ」と評している。

アウクスブルク審問

スブルク家が結びついては、ローマ教皇庁は南北から挟撃される脅威にさらされることになるからであった。世俗の選帝侯の筆頭であるザクセン選帝侯をローマ側に抱きこんでおくことは政治的な絶対条件で、そのためにザクセン選帝侯の要望を受け入れ、ルター審問はアウクスブルクでおこなわれることになった。アウクスブルク帝国議会にローマより派遣されていた枢機卿カエタン▲によるルターの審問は一八年十月十二〜十四日の三日間フッガー邸でおこなわれた。ルターは殉教の覚悟で自説の撤回を拒否し、激しい議論展開をみせたが、ルターは公会議での決定を求めた。こうした主張はカエタンの不興を買い、身の危険にさらされたルターはザクセン選帝侯顧問官たちの配慮で夜に密かにアウクスブルクを脱出し、ヴィッテンベルクへもどった。十月二十五日にカエタンは選帝侯に手紙を送って、その名誉と良心に訴え、ルターをローマに送るか、または少なくとも彼の領内から追放することを求めた。

　ザクセン選帝侯は十二月八日に自分はキリスト教国父としての義務をはたし、まだ異端と認められていない領民を厳罰に処すわけにいかないと返答した。明らかに時を稼いでいるようにみえる。ローマ側も結論を急ぐ様子をみせなかっ

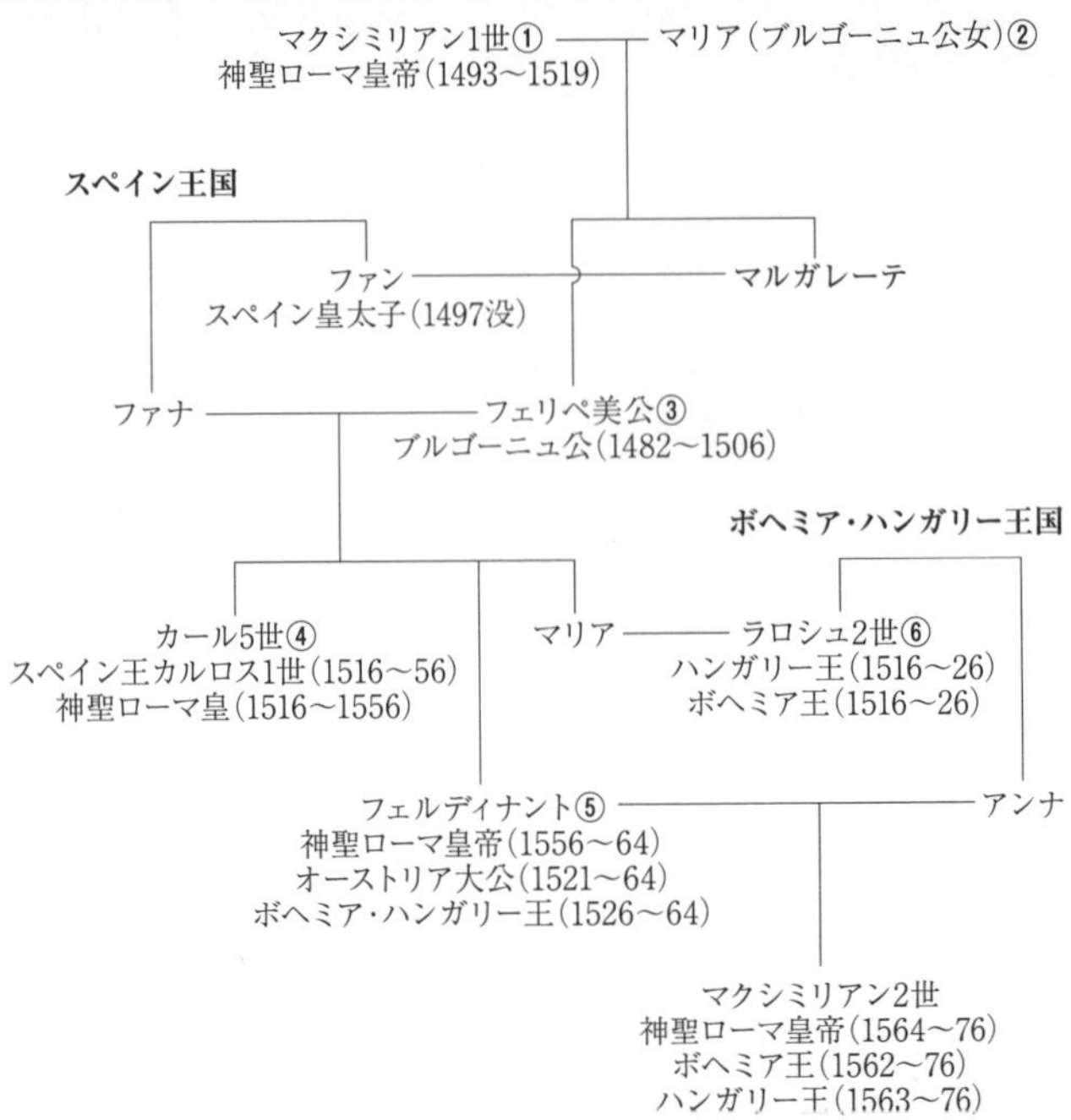

●ハプスブルク家系図　「戦争は他家にまかせておけ。幸いなオーストリアよ、汝は結婚せよ」の言葉が示すように兄弟姉妹の二重結婚を繰り返した。

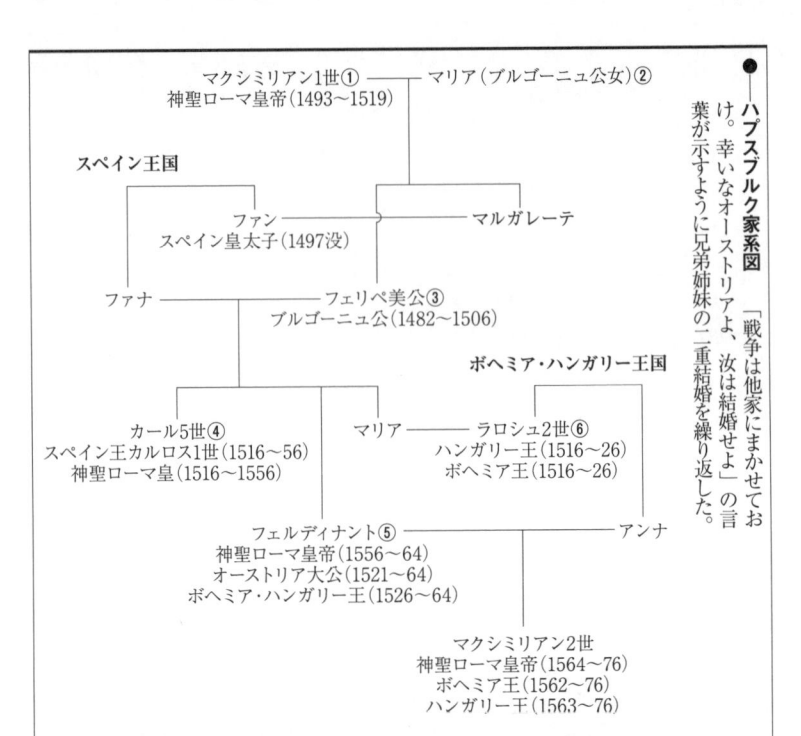

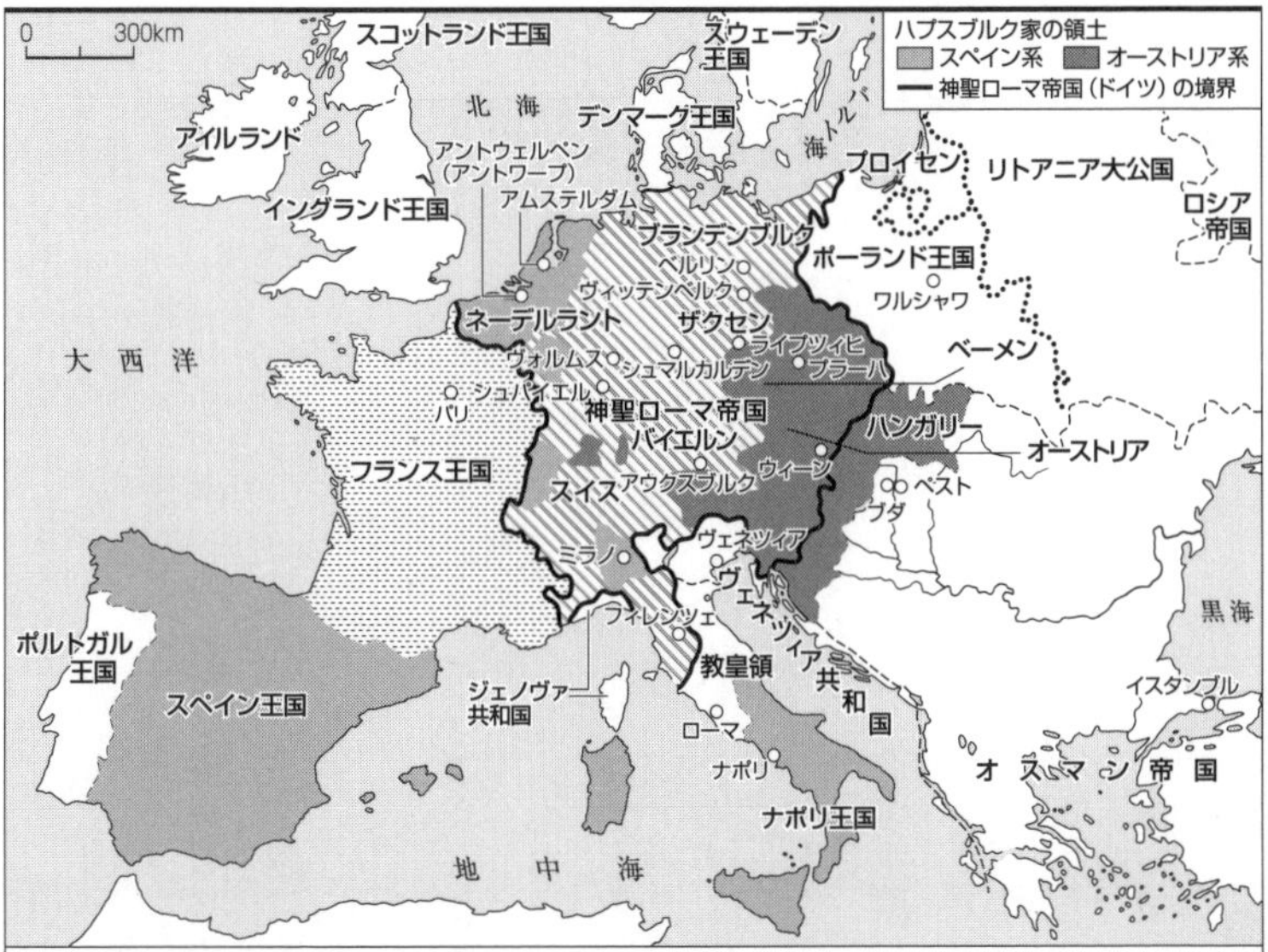

●—十六世紀半ばのヨーロッパ

●—カール五世

た。それは皇帝マクシミリアンの死期が近いことが知られていたからである。そして予想通りマクシミリアンは一九年一月十二日に帝位継承問題を未解決のままなくなった。しばらくの間政治的・教会的関心は新皇帝選挙に移り、ルター問題はそれにすっかり吸収された。

ライプツィヒ宗教討論会

ふたたび論争が開始されたのは一五一九年六月二十七日〜七月十五日の長期にわたっておこなわれたライプツィヒ宗教討論会においてであった。当時のカトリック最大の神学者エックが論争の相手であった。エックはインゴルシュタット大学の学長を経験した学識・知性とも高い人物で、ルターも対立以前には大変尊敬していた。ライプツィヒ討論の主要論争点はもはや贖宥問題ではなく、中心はローマ教皇位の絶対性＝教皇首位権の問題に移っていた。さらには、エックのたくみな討論運びによって、一〇〇年前にコンスタンツ公会議▲で異端とされ、焚刑に処せられたフスの教説の評価如何《いかん》に導かれた。ルターは歴史的考察（東方教会にローマ教会の権威がおよぼされなかった例）からローマ教皇位の絶

▼コンスタンツ公会議　ドイツのコンスタンツで一四一四〜一八年に開催された公会議。その開催目的はシスマ（教会分裂）の収拾、「頭と肢体の改革」といわれた教会の全体改革、教会内の異端を除くことの三点であった。第一点は、三教皇が鼎立していたが、順次退位し、マルティヌス五世の選出で解決をみた。第二点は、教令「フレクエンス」が出され、教皇権よりも公会議の決定が優先することが決められたが、実際には改革は進まなかった。第三点では、フスを異端として焚刑に処した。しかし、焚刑の結果フス戦争が起き、混乱をまねく結果になった。

●ヨハン・エック（一四八六〜一五四三）　メミンゲン近くのエックに生まれたことからエックを名乗ったが、本名はマイヤー。一五一〇年インゴルシュタット大学の神学教授、一二年学長となり、同大学をカトリックの堡塁にした。弁論術に長け、ライプツィヒ討論会においてルターが異端であるという印象をつくりあげた。二五年に出版された教理学概論（『反ルター派要論』）は四六版を数え、広く普及した。

●ヤン・フス（一三七〇頃〜一四一五）　ボヘミアの宗教改革者。一三九八年以降ウィクリフの影響を受ける。一四〇二年にプラーハのベツレヘム教会の司祭となり、カトリック聖職者の腐敗、聖職売買を批判して教会改革を唱えた。プラーハのカレル大学の教授、学長になり、大学の制度改革者となる。写真は、コンスタンツでフスが滞在した家につくられたフス博物館。

対性を否定し、フスに関しては、次のように発言している。「フスやボヘミア人の主張箇条のなかにはカトリック教会も有罪とすることはできないような、完全にキリスト教的で福音主義的なものがたくさんあることは確かなことである」と。この発言は聞いていた人々にルターがフス同様に異端であるという印象を与えた。エック自身もケルン大学教授でドミニコ会の異端審問官ホッホシュトラーテン▲に宛てた一九年七月二十四日付の手紙で、得意げに書いている。

> ルターは聖ペテロの日［六月二十九日］に、公［ザクセン公ゲオルク］の不在の折に討論の広間で、明らかに間違っているフス的な説教をおこないました。私は「聖母マリアの訪問」の記念日［七月二日］とその翌日に、これまで経験したことのなかったほどの大聴衆を前にして、彼の誤りを反駁《はんばく》する説教をおこない、彼の誤りを退けるように聴衆に真摯に働きかけました。

討論の結果、ライプツィヒ周辺では、もうルターの運命は定まり、焚刑の道が残されるだけとみなされた。

翌一五二〇年、教皇庁も本格的に動き出し、六月十五日にルターに対して破

▼ヤーコプ・ファン・ホッホシュトラーテン（一四六〇頃～一五二七）
ベルギーのルーヴァン大学で古典と神学を学び、ドミニコ会修道士となる。一四九六年、司祭に叙階されたあと、ケルンに学ぶ。その後ケルン大学教授、異端審問官となる。

ザクセン選帝侯・ザクセン公　一四八五年、フリードリヒ二世の二人の息子に分割相続がおこなわれたあと、エルネスティン家とアルベルティン家の二家に分かれた。

フリードリヒ二世（在位一四二八〜六四）。

アルベルティン家

アルブレヒト三世（勇敢公）　フリードリヒ二世の三男。ザクセン公（在位一四六四〜一五〇〇）。

ゲオルク（髭公）　アルブレヒト三世の長男。ザクセン公（在位一五〇〇〜三九）。ルター派教義に反対し、その拡散を防ぐことに努力をかたむけた（八〇頁参照）。

ハインリヒ四世（敬虔公）　アルブレヒト三世の次男。ザクセン公（在位一五三九〜四一）。兄ゲオルクと異なり、早くからルター派に改宗していたので、公位を継ぐと、ただちに公国の体制宗教をルター派教会に変更した（八八頁参照）。しかし、六六歳という年齢で公位についたので、治世は短かった。

モーリッツ　ザクセン公（在位一五四一〜五三）、ザクセン選帝侯（在位一五四七〜五三）。プロテスタントでありながら、シュマルカルデン戦争でカール五世に味方し、選帝侯位を授かり、「マイセンのユダ」といわれた（九六頁参照）。

エルネスティン家

エルンスト　ザクセン選帝侯フリードリヒ二世の次男。ザクセン選帝侯（在位一四六四〜八六）。

フリードリヒ三世（賢侯）　エルンストの長男。ザクセン選帝侯（在位一四八六〜一五二五）。一五〇二年にヴィッテンベルク大学を創設し、ルターが宗教改革を始めると彼を保護した。

ヨハン（堅忍侯）　エルンストの四男。ザクセン選帝侯（在位一五二五〜三二）。領邦内の福音主義教会化のための巡察の仕事を進めた（八四頁参照）。

ヨハン・フリードリヒ一世（豪胆公）　ヨハン堅忍侯の長男。ザクセン選帝侯（在位一五三二〜四七）。皇帝カール五世にミュールベルクの戦い（一五四七年）で敗れて捕縛され、選帝侯位は剥奪され又従弟にあたるアルベルティン家のモーリッツに与えられた。彼には「ザクセン公」の肩書きが与えられた。

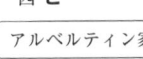

門威嚇勅書『主よ、立ちて』を出すにいたる。「主よ、立ちて、主の御事件をお裁きください。愚か者が日々あなたに向かって言い放っている悪口雑言に気をとめられ、私たちの嘆願に耳を傾けられますように。なぜなら、野狐どもが主のぶどう園を荒らそうと狙っているからです」。勅書のタイトルはその書き出し部の言葉で呼ばれるので、この勅書は『エクススルゲ・ドミネ（主よ、立ちて）』と呼ばれている。破門威嚇勅書はザクセンで公表されてから数えて、六〇日の間に所説撤回の猶予が与えられていたが、ここに最終的に教皇庁はルターを異端として処断する決心をした。七月八日に教皇は直接ザクセン選帝侯フリードリヒ賢公に親書をしたため、彼が狂気の沙汰に固執する場合には彼を逮捕するように要求した。

　こうした状況下でルターも決断する。二〇年七月十日に宮廷顧問官ゲオルク・シュパラティンに宛てて次のように書いている。

　私にとっては、賽《さい》は投げられました。私はローマの好意も憤怒も侮蔑します。私は彼らと和解したり、交際したりすることを永久に退けます。彼らは私の書物を弾劾させ、焼却させもしましょう。かわりに、一〇〇の頭をもつ異端のヘビである全教会法を私は焼却しよう。もしそれを妨げる人がいれば、それらを公然と弾劾しましょう。

差し迫る破門の脅威を前にして、ルターは文筆活動に専念する。

万人祭司主義

一五二〇年八月にルターは『キリスト教界の改善に関して、ドイツ国民のキリスト教貴族に与える』を刊行する。アムスドルフに宛てた序文で、「沈黙の時は去り、語るべき時がきた」と書き出し、聖職者身分が義務をはたさないから、世俗権力・貴族がキリスト教界を改善すべきと訴えた。これは中世以来の教会改革書のなかの最高峰と位置づけられるが、基本的な問題を論じる部分と実際問題を論議の対象とする部分に大別される。後者は中世以来の教会的弊害を述べ、目新しい議論はされていないが、前者が革命的な内容になっている。ここで、ルターは教会的身分と世俗的身分の区別を手のこんだ虚構であると激しく批判し、いわゆる「三城壁論」を展開する。キリスト教界の堕落をこれまで改善できなかった理由は、ローマ派の輩《やから》が巧妙に自分たちの周りに三つの城壁を建てめぐらし、改革の攻撃を防いできたからだという。三つの城壁とは、(1)世俗権力に対する霊的権力の優越性、(2)聖書解釈をめぐる教皇の独占権、(3)教皇による公会議召集権の独占のことである。これらの城壁を攻撃するにあたり、ルターは「万人祭司主義」という考えを展開した。

平信徒、司祭、王侯、司教、つまり彼ら［ローマ派の輩］がいうところの聖職者と俗人の間には、結局のところ、職務、ないし、わざに関する以外まったく差別はなく、身分上の差別もないのです。彼らはみな聖職者身分にあり、本当の司祭、司教、教皇なのです。ただみなが同じ一種類のわざに従事しているわけではありません。

ルターは教会人と世俗人との間に身分的差別がないことを繰り返し強調する。区別があるのは、人々のおこなう職務とわざにあり、教会人は神の言葉とサクラメント▲をつかさどり、世俗の権力者は剣を用いて悪人を処罰し、善人を保護する。靴屋・鍛冶屋・農民はそれぞれ職業のわざと職務によってほかの人々に奉仕する。しかし、神の前ではすべての本当の信者は等しく祭司であって、差別はないとした。

▼サクラメント（秘蹟） 中世カトリック教会体制には完璧な救いのシステムがあった。「教会の外に救いなし」として人々の救済のために「揺りかごから墓場まで」巧妙な恩寵システムをつくりあげていた。七つの秘蹟（洗礼、堅信、婚姻、終油、叙階、聖体、悔悛〈告解〉）をつうじて神の恩寵にあずかれるようになっていた。最初の四つの秘蹟は人生の節目に与えられている。誕生＝洗礼、少年＝堅信、青年＝婚姻、死亡＝終油であり、叙階は秘蹟を授ける資格をもつ身分（聖職者）を定めるものである。聖職者はこれによって特別身分を授かることになる。以上の五つの秘蹟は一生涯に一度だけおこなわれるものであるが、聖体は祝日とか一定の日におこなわれ、キリストの血とからだ（ぶどう酒とパン）に与り、日頃萎えていく霊的糧を再獲得する。悔悛は洗礼後に犯した罪を許す秘蹟で、贖宥に関係する（一八頁参照）。

この「万人祭司主義」の立場に立てば、三城壁はもろくもくずれることになる。この宗教的平等思想は身分的差別から成り立っていた中世カトリック社会を根底から覆すことになる。『ドイツ国民のキリスト教貴族に与える』に続いて、ルターは同じ年に『教会のバビロン捕囚について』を執筆する。この書では、聖職者の特権に緊密に結びつくサクラメントの改革をラテン語で論じた。ラテン語で書かれたことからわかるように、この著作は神学者・人文主義者など学者向けのいわば専門書であった。ルターはそこで、カトリックが制定していた七つのサクラメントのうち洗礼と聖餐《せいさん》(聖体)のみを真正のサクラメントとみなした。カトリックの祭式の中核を否定するこの主張は、神学者・人文主義者の多くの支持をルターは失うことになった。

その一方で、ルターはライプツィヒ討論会開始の翌日神聖ローマ皇帝に選出されたカール五世に期待をかけ、八月三十日に次のような内容の手紙を書き送っている。

> 三年間私は際限のない挑発、侮辱、危難、それに悪人どもが思いつくあらゆる邪悪な事柄に耐え続けてきました。その間沈黙を守り、平和のための

諸条件を提案しましたが、無駄でした。私の教説より正しい教説を示してくれるように頼みましたが、無駄でした。唯一私に示されたのは、全福音とともに抹殺されることでした。
あらゆることを試みてきましたが無駄でした。それゆえ最後に陛下に訴えることが、賢明なことに思えました。……もしも私が不敬虔《けいけん》、あるいは異端であることがわかれば、擁護されたいとの願いはまったくありません。ただ一つのことをお願いします。真理も、また誤りも審問されず、論駁《ろんばく》されることなしに処断されることがないように、ということです。

こうした状況のなかで、ルターはローマとの決裂を最終的に決心する。そのパフォーマンスはヴィッテンベルクのエルスター門外でおこなわれた。十二月十日に教皇の諸教令、スコラ学▲者の著作類とともにレオ十世の出した破門威嚇勅書をヴィッテンベルク大学の学生とともに焼却したのである。

ヴォルムス帝国議会

一五二〇年におけるルターの行動に対して、結局二一年一月に教皇勅書『ロ

▼スコラ学　教会や修道院付属の学校や大学を中心として説かれた神学・哲学の総称。三つの時期に一般には区分される。九～十二世紀の成立期はいわゆる普遍論争の時期に一致し、「普遍は実在性をもち、個に先立って存在する」と主張する実在論と、「普遍はたんなる名称にすぎず、ただ個のみが実存する」と主張する唯名論の論争がなされた。第二期は十三世紀の全盛期で、トマス・アクィナスが信仰と理性、神学と哲学の調和的統一を唱え、実在論の立場でスコラ学を大成させた。第三期は十四世紀以降になり、オッカムが唯名論の立場から信仰と理性の分離を唱え、神の絶対的恩寵と恩寵にあずかれるにふさわしい人間の自由意志の行為という厳しい緊張関係を説き、ルターに影響を与えた。

▼アハト刑　帝国平和喪失刑とも称され、帝国内における法的保障を奪われること。受刑者は人間の姿をしていても狼と同じとみなされた（「人間狼」）。狼から命や財産を奪っても罪にはならないとされ、受刑者は身の安全を保障されなかった。

エルスター門外での焼却風景　十六世紀中葉の木版画。

エルスター門外の焼却記念碑

ーマ教皇にふさわしく』が発せられ、正式にルターは破門された。教会法上で破門されれば、同時に帝国法上のアハト刑▲が時をおかずにくだされるのが通例であった。ところが、ルター問題に関しては、皇帝カール五世は四月にヴォルムス帝国議会を開催し、破門決定の再審理をおこなわざるをえなかった。教皇庁が異端の決定をした人物を、帝国議会が再度審問することは、前代未聞のことであった。それはカールが皇帝に選出されたときにドイツ諸侯との間に取り結ばれた「選挙協定」に拘束されていたからでもある。それによれば、「上下を問わず諸身分は審理を受けずにアハト刑に処せられることはない」と規定されていた。さらに、教皇、皇帝、諸侯がそれぞれの思惑をいだいて、激しい政治的取引をしていたこの時期に、ルター問題それ自体が宗教改革時代の複雑な政治的様相のなかで大きな取引材料になっていたからである。また、ルターの擁護者ザクセン選帝侯フリードリヒ賢侯もルター問題を穏便に処理しようと、カールと交渉していた。

　この時期までにルターの著作はドイツ全土に知れわたっていたが、ルターの人物について知られるところは少なかった。ヴォルムス帝国議会へ出頭するに

▼アルブレヒト・デューラー（一四七一〜一五二八）　生まれ故郷のニュルンベルクにおいて父親のもとで金細工師の修業を積む。一四八六年に画家修業を始め、九〇年から遍歴の旅に出る。九二年以降バーゼルに滞在し、ゼバスティアン・ブラントの『阿呆船』の木版画挿絵を手がけた。九四年帰郷、そして二度のイタリア旅行をし、多数の作品を残す。絵画の上では明確な宗教改革運動の支持を示していないが、明らかにルター信奉者であった。

あたって、ザクセン選帝侯宮廷ではルターの肖像画作製に関心を示した。しかし、ルターの本格的な肖像画を最初に描きたがった人物は実はデューラー▲であった。それはザクセン選帝侯の顧問官シュパラティンに宛てた一五二〇年初頭の手紙から明確にわかる。

選帝侯閣下には伏してお願いしたい。私たちにとってこの世のあらゆる富や権力よりも重要なキリスト教の真実のために、賞賛に値するマルティン・ルター博士を庇護されんことを。すべてのものは時とともに消え去りますが、真実のみは永遠にとどまるからです。そして、マルティン・ルター博士に会えるように、神がお導きくだされば、わたしを大きな不安から救ってくれたこのキリスト者を長きにわたって記念するために、心を込めて彼の肖像画を描き、銅版画に刻みたいのです。

このデューラーの手紙はシュパラティンが彼にルターの著作を送ったことに対する礼状だが、デューラーがルターに心酔していたことがよくわかる。しかし、デューラーはルターを描くチャンスがなく、その仕事はザクセン宮廷のクラーナハがすることになった。一五二〇年にクラーナハによって描かれた修道

●―ルーカス・クラーナハ（一四七二〜一五五三）　ウィーンですでに活躍していたが、一五〇五年にザクセン選帝侯フリードリヒ賢侯に宮廷画家としてヴィッテンベルクにまねかれた。選帝侯一族の肖像画、古代神話をテーマにしながら妖艶な多くの女性裸体画を描く一方、多数のルター肖像画やルターの改革を推し進める内容の絵画・木版画も制作した。また、薬種業、印刷業・書籍販売業など経済活動をしただけではなく、ヴィッテンベルク市長を長年勤めている。下はヴィッテンベルクのマリーエン教会にある祭壇画で、同地で活躍した改革者ルター、メランヒトン、ブーゲンハーゲンが描き込められている。

士ルターの肖像画は精悍《せいかん》で、厳しい表情をした姿で描かれている。頬は瘦《こ》け、骨張っている。目は小さくくぼんでいるが鋭く、口は小さくキリリと結ばれており、審問を前にして一歩も引かない英雄的なルターとして描かれている。

ザクセン選帝侯は融和策を推進しようとしていたのだから、異端の嫌疑をかけられているルターが、その審問がおこなわれるヴォルムス帝国議会へ出頭する直前に、頑固一徹を思わせる肖像画が世間に出まわるのは問題であった。シュパラティンはこのクラーナハのルター肖像画の印刷にゴーサインを出さなかったと思われる。したがって、この有名なルター像はためし刷り段階でお蔵入りし、実際に出まわったのは一五七〇年代以降とされ、ルターの生きていた時代の人々にはこの禁欲的で意志強固な容貌のルター像はほとんど知られていなかったとされている。

クラーナハは第二ヴァージョンの肖像画を急遽《きゅうきょ》制作した。ルターの顔の輪郭は第一ヴァージョンとまったく同じだが、頬はふっくらとなり、顔の陰影が薄くなって柔和な表情になっている。身体が下のほうまで描かれ、(見えていない)右手に書籍をもつ半身像となっていて、背後には尊厳のシンボルである壁《へき》

●—クラーナハによる最初のルター修道士像

●—バルドゥングによるルター像

●—クラーナハによる第二のルター修道士像

●—ホプファーによるルター像

龕《がん》が描かれ、異端にはみられず、信頼を呼び起こすような人物像となっている。

このルター肖像画は広く普及し、ルターの著作、たとえば『教会のバビロン捕囚について』の表紙に使われている。また、一五二一年にシュトラースブルクで出版された『ヴォルムス帝国議会でマルティン・ルターの身の上に生じた行為と事態』の木版画タイトル頁にバルドゥング▲によって使われている。ルターの肖像を描くことはクラーナハ工房のほぼ独占事業であり、クラーナハ以外の著名な画家が描くルター像もクラーナハ工房の作品のコピーであった。バルドゥングは後述するように、デューラーと同様に、ルターが帝国議会からの帰路で殺害されたと思っていたと考えられる。それゆえ、クラーナハの壁龕の前のルター像をもとに、ルターに光輪をつけ、頭上に聖霊の印である鳩を描いたと推測できる。版画の上には「マルティン・ルター、イエス・キリストの僕《しもべ》で、キリスト教の教えの再建者」と書かれている。ホプファー▲の銅版画も、ルターの頭上に鳩（聖霊）をいただく聖者像となっている。

そうした様子をヴォルムス帝国議会にやってきていた教皇大使アレアンダーは次のように述べている。「最近ではルターは頭上に聖霊のシンボルや十字架

▼**ハンス・バルドゥング・グリーン**（一四八四／八五〜一五四五）　一五〇三〜〇六年にニュルンベルクのデューラーの工房で働く。デューラーのイタリア旅行中には工房をまかされていた。その後シュトラースブルクで主として活躍し、多くの祭壇画や肖像画を描いている。熱心な宗教改革支持者であった。

▼**ヒエロニムス・ホプファー**（一五〇〇頃〜五〇以降）　父ダニエル・ホプファーは腐食銅版画技法の開拓者で、その父に学んでエッチングの作品を残すが、詳細な伝記は不明。

ともに描かれたり、他の版画では後光の冠とともに描かれたりしている。人々はそれを買い求め、それに口づけをし、それを皇帝の宮中にまで持ち込んでいる」と。シュパラティンの政治的配慮は見事に功を奏したといえる。

「騎士イェルク」としてのルター

一五二一年四月二日、ルターはヴィッテンベルクを発ち、十六日にヴォルムスに到着した。翌日帝国議会の席に着くが、帝国議会のようすを四月二十八日付のクラーナハ宛の手紙で次のように書いている。

皇帝陛下は一人あるい《(ママ)》は五〇人の博士たちを集め、修道士［ルター］を率直に説得させるべきだと思った。ところが、ここで審議されたのは、次のようなほんのわずかなことだった。これらの書籍はお前のものか。はい、そうです。これらを撤回するつもりがあるか否か。ありません。それならば、立ち去れ。おお、私たち盲目のドイツ人はなんと幼稚な振る舞いをし、ローマ人に惨めな仕方で愚弄され馬鹿にされることを許していることか！

議会終了後の五月にヴォルムス勅令がくだされ、ルターはアハト刑を決定され、法律の保護外におかれた。その状態を救ったのはザクセン選帝侯であった。帝国議会帰りのルターを密かにヴァルトブルク城にかくまった。その状況をラッツェンベルガー▲が伝えている。

> 彼ら［ルター、アムスドルフ、メークム▲］がアイゼナハからそれほど遠くないシュヴァイナ近辺の国境まできたときに、森の中から盗賊のような騎士が一人あらわれ、馬を乗り回してきた。メークムはそれに気付き、ただごとではなく、危険が迫っている、と同行者に注意を促した。そうこうするうちに、ユンカー［若い貴族］が従卒を従えて森のなかから馬車の前方にやってきた。その騎乗者は御者に話しかけ、如何なる者たちを乗せているのかを尋ね、彼を弩《いしゅみ》で打って馬の下に落とした。ユンカーは弩に矢をかけ、ルターに突きつけ、逮捕されなければならないと告げた。二人の同行者は恐れおののいて、憐れみを乞うた。ユンカーたちがルターに尋問し、ルター本人であることを確かめると、ただちに彼を馬に乗せて森のなかに連れて行き、さらに夜の帳《とばり》が降りるまでにアイゼナハ近くのヴァルトブルク城にはいった。

▼マテーオス・ラッツェンベルガー（一五〇一～五九）　ヴィッテンベルク大学に学び、ルターに接し、宗教改革の神学を学ぶ。その後医学を学び、一五三六年医学博士になる。三八～四六年の間ザクセン選帝侯の侍医を務めた。

▼フリードリヒ・メークム（一四九〇～一五四六）　フリードリヒ・ミコニウスとして知られる。一五一〇年フランシスコ会修道院にはいり、一六年ヴァイマルの司祭となる。一八年ルターと会い、ルターの熱烈な支持者になる。ゴータの宗教改革をおこない、幾多の宗教会談に参加し、晩年『宗教改革史』を書いた。

●—「ルター誘拐図」

一八四四年頃の作品。

●—ヴァルトブルク城

●—ヴァルトブルク城のルターの部屋

▼九月聖書　ルターはヴァルトブルクに身をかくしている短期間にエラスムスの『校訂新約聖書』を参照しながら、ギリシア語、ヘブライ語の原典から『新約聖書』をドイツ語に翻訳した。それは一五二二年九月に出版されたので、九月聖書と呼ばれる。ザクセン官庁語を用いながら民衆にもわかりやすい文体で翻訳し、近代ドイツ語をつくりだしたといわれる。死の直前まで翻訳に手を入れ、改訂に努めている。

この誘拐事件はザクセン宮廷のトリックであり、ルターとアムスドルフは事前に知らされていた事件であった。しかし、ネーデルラントの遠方の地にいたデューラーはこのニュースを一五二一年五月十七日の『ネーデルラント旅日記』に次のように書いている。

> アントウェルペンの私のもとに、マルティン・ルターが陰謀によって逮捕されたという知らせがはいった。……そこへただちに一〇騎があらわれて、彼らはこの敬虔にして聖霊に照らされた男を卑劣にも連れ去った。彼こそキリストとキリスト信仰との後継者であった。……ルター博士の書物を読む者は誰しも、彼の教えがいかに明快に聖なる福音を伝えているかを理解する。されば、彼の著作は大いなる敬意をもって保存されるべく、焼かれることがあってはならない。

デューラーはルター拉致事件がトリックだとは知らなかったので、この日記の内容は彼がいかにルターを支持していたかを示すものとなった。

ヴァルトブルク城にかくまわれたルターは聖職者姿でいるわけにいかず、騎士イェルクの姿に変装する。城からも自由に出られなかったので、ここでルターは聖書のドイツ語訳に取り組む。いわゆる九月聖書▲を完成させ、近代ドイツ語を生むことになる。ところが、ルターが身を隠している間に、ヴィッテンベルクではルターより先任の教授だったカールシュタットが実際の改革運動を起こし、ミサの廃止、聖職者の結婚を実施しはじめた。騒擾《そうじょう》状態になるのを恐れたルターは、密かに十二月四日から十日にかけてヴィッテンベルクに赴き、一旦は納得してヴァルトブルクにもどった。しかし、クリスマスの折にカールシュタットはカトリックのミサを廃止して二種陪餐《ばいさん》▲を執りおこなった。さらに翌二二年一月十九日にはカールシュタットは結婚し、修道院解放、聖画像破壊など激しい改革がなされようとして事態は収拾不能に陥った。クラーナハを含む市参事会はルターに帰還要請をし、ルターは身の危険をかえりみず、三月初めヴィッテンベルクに帰還して、騒擾を収束させた。

この折にクラーナハが描いたルターの肖像画が、騎士の姿をしたルター像だった。油彩と木版画があるが、ヴァルンケ▲によれば、この騎士像の制作の背景にはヴィッテンベルクの宮廷の意向が働いており、少なくとも宮廷の合意なしには事は運ばれなかったという。しかし、最新のルター伝を書いているシリン

▼**二種陪餐**　中世カトリック教会の聖餐式では、聖別によってパンとぶどう酒がキリストのからだと血の実体に変化する(聖変化)と考えられたが、平信徒にはパンだけの一種陪餐がなされていた。ルターら宗教改革者はこれを聖書に根拠をもたない迷信として批判し、パンとぶどう酒の両方に信徒があずかる二種陪餐を主張した(七八頁参照)。

クラーナハによるルター騎士像

▼**マルティン・ヴァルンケ**(一九三七〜)　一九六四年『ルーベンス論』で博士号をえる。マールブルク大学およびハンブルク大学教授。美術の社会への影響に関心をもち、ハンブルクにあるヴァールブルク・ハウスの政治的図像解釈部門を率いた。

▲グはルターのヴィッテンベルク帰還をルターの宗教者としての危機感から発した行為とみて、かならずしも宮廷の意向とはしていない。

ところで、「騎士イェルク」の木版画の下には次のような四行詩が印刷されている。

ローマよ、私はお前からしばしば審問され、幾度となく告発されてきた
だが見よ、わたしルターは今なお生きている
イエスは、私から奪い取られることのない希望なのだ
このお方とともにあるかぎり、不信実なローマよ、おさらばだ

ローマ教皇と決別し、宣戦布告するような文章があり、対ローマとの戦いも視野にはいっていることは間違いない。クラーナハの「騎士イェルク」像は非常に多く出まわったが、まさにこの同じ時期に木版画を利用した教皇攻撃の有名なパンフレット『キリストの受難と反キリストの受難』がルターとクラーナハの共同でつくられている点も注目される。

▼**ハインツ・シリング**（一九四二〜）　ドイツ初期近代の研究者。ビーレフェルト大学をはじめ多くの大学で教鞭をとった。国家体制と宗派教会の結合過程をとらえる見方、および近世都市の「共和主義」論を展開し、大きな影響を与えた。ルターの伝記として『マルティン・ルター――大変革時代の反乱者』がある。

●—『**キリストの受難と反キリストの受難**』 キリストの受難のようすと反キリスト、つまりはローマ教皇の受難を対比的に示して、教皇批判を展開している。教皇の受難とは彼の贅沢な暮らし、戦争行為、金銭取引を揶揄した表現である。上図はキリストが両替商を神殿から追い出しているのに対して、左図では教皇が贖宥状にサインをし、贖宥符販売をして金集めをしている場面を描いている。

▼**ベルント・メラー**（一九三一〜）
一九五六年マインツ大学で神学博士の学位を取り、五八年ハイデルベルク大学で教会史の教授資格を取った。六四〜九九年ゲッティンゲン大学の教会史の教授だった。主著の一つ『帝国都市と宗教改革』は教会史家よりも十六世紀ドイツ史研究者に大きな影響を与えた。

③—改革運動の展開

都市の宗教改革

ローマへの対決を深めるなかで、ルターの改革思想はしだいに各社会階層に浸透していった。とくに都市がすばやい反応を起こした。すでにふれたように、都市は中世社会のなかで異質な存在であったが、その都市体制が神学上の平等主義である万人祭司主義を受け入れやすくしていた。教会史家メラー▲は「都市を宗教改革の母体・本来的な社会基盤とみなさなければならない」というが、都市型の宗教改革を最初に成功させたのはスイスの都市チューリヒであった。

チューリヒでは一五一九年一月に、ウルリヒ・ツヴィングリが聖書の講解を皮切りに改革に取りかかっていた。彼は一四九四年一月一日に東スイスのトッゲンブルク地方にある小村ヴィルトハウスの村長の家に生まれた。ルターより二カ月ほどあとの生まれである。一五〇六年にバーゼル大学で修士の学位をえると、その年のうちにグラールスの司祭となる。当時スイスは膨張時代でアルプスの南に勢力を張り出そうとしていた。グラールスの住民もイタリア戦争に

●—ツヴィングリ

●—ツヴィングリの生家

アインジーデルン修道院　スイス最高峰のバロック様式の建築物。

▼ツンフト支配型都市　ドイツ・スイスの中世都市は、政治支配類型からツンフト支配型都市と都市貴族支配型都市に一応分けられる。後者はパトリツィアートと呼ばれる上層市民だけが市政を担ったのに対して、前者はあらゆる職種の担い手がツンフトという政治団体に所属させられ、その代表が市政担当者になった。宗教改革期のチューリヒでは、一パトリツィアート団体と十二ツンフトに

加わるが、ツヴィングリは従軍司祭として三度戦役に加わった。修道院生活の長かったルターとは異なり、ツヴィングリは当時の政治状況にもまれ、戦争の悲惨さを体験する現実社会に生きていた。

一五一六年に、現在も巡礼地として有名なアインジーデルン修道院の司牧司祭に転じた。その前後に人文主義運動に興味を惹かれ、エラスムスに傾倒するようになった。一八年暮れにチューリヒに移り、翌年の一月一日にチューリヒのグロースミュンスターでマタイ福音書の連続講解を始め、改革に取りかかった。彼はエラスムスの人文主義の影響を受けながら、ルターに触発されるかたちで具体的な宗教改革の導入をはかるが、その方法はルターと大きく異なっていた。チューリヒは市民の都市政治への参加が大幅に認められたツンフト支配型の都市で▲、政治的自治も進んでいた。宗教改革導入にあたって、市民（教区民）の総意にもとづく改革が謳《うた》われ、そのための手段として公開の宗教討論会が開催された。万人祭司主義にもとづけば、都市当局者も市民も等しく討論をみまもり、参加できる資格があった。この討論会は中世の大学が主催する学問的討論会とは異なり、主催者は都市当局であった。しかも、市民の前で討論

よってそれぞれ選出された幹部が市政を担当していて、封建制下時代を考えれば、極めて「民主的」な政治体制であった。

チューリヒ公開討論会

をして結論を導き出すことは世論を形成し、結論に異を唱えにくくして、都市内の平和と統一を維持することを可能にした。こうした都市の政治的機能をもつと同時に、公開討論方式は、カトリックから離れて新教会を建設する第一歩ともなり、教会的機能もあわせもっていたといえる。「自由と自治」を享受できた都市も、宗教改革以前には宗教的にはローマの支配を受けていたが、宗教的にも「自治」をえることが可能になった。

ツヴィングリが考案したといえる公開討論会による宗教改革の導入方式はスイス都市だけではなく、ドイツの多くの都市も採用していった。しかし、当時のドイツの総人口からすれば、都市人口は一〇％をこえていなかったと推測される。メラーの主張にもかかわらず、依然農村社会であった時代、宗教改革は農村にどのような影響を与えたのだろうか。

農民戦争

中世末期には農村も自治的村落共同体を形成し、自己統治を求めて十五世紀以来、領主に対して抵抗と反抗の歴史を繰り返してきた。この農民抵抗の長い

農民の一二カ条要求書

伝統に宗教改革の理念は影響を与えることになる。とくに村落共同体が成立していた西南ドイツでは、さらなる自治と自由を求め、聖書にもとづく社会正義の実現を求めた。この地方で作成された代表的な農民綱領である「一二カ条」には宗教改革の影響がにじみでている。その第一条は村による牧師の任免権を要求し、牧師に聖なる福音を純粋かつ明瞭に説教することを求めている。第二条では十分の一税を村が徴収し、それを選任した牧師家族の生計費にあてることを主張している。第三条は聖書にもとづき農奴制はキリスト者の自由に反していると主張し、農奴制の廃止を求めている。

最後の第一二条では自分たちの要求が聖書にのっとったものであり、その要求が間違っていると聖書から証明されれば、撤回することを約束している。ドイツ農民戦争も宗教改革の影響を強く受けた運動であり、そこには社会的・経済的要求が含まれてはいるが、農民は彼らなりの真のキリスト教的共同体を樹立しようと蜂起したのだ。それは都市の宗教改革に共通する「共同体宗教改革」と呼びうるものである。ただし、農村でのこの運動は封建支配の基盤をゆるがす要求になっていた。十分の一税は封建支配の重要な柱であり、農奴制は支配の根幹でもあったからである。そのために領主たちは一致して、農民蜂起の鎮圧に向かった。

トーマス・ミュンツァー

シュヴァーベン地方を含む西南ドイツからチューリンゲン地方へ農民の蜂起が展開するにつれて、農民戦争の様相は大きく変わっていった。この地域では西南ドイツと異なって、村落共同体の形成が弱く、共同体的運動の基盤が弱かった。この地域の農民戦争を指導したのはトーマス・ミュンツァーであった。彼は一四九〇年頃ザクセンのハルツ高地の麓にあるシュトルベルクという小さな町に生まれた。ライプツィヒ、フランクフルト・アン・デア・オーデル両大学に学んだ。一五一八年暮れに、ヴィッテンベルクのルターのもとに赴いている。二〇年五月にルターの推薦を受けて、ツヴィカウのマリア教会の代理司祭として赴任した。その地で下層市民や「ツヴィカウの預言者たち」▲と接触し、神秘主義的傾向を深めた。その後ツヴィカウを離れ、二一年四月にミュンツァーはフス派の地であったボヘミアへ赴き、そこで『プラーハ・マニフェスト』

▼**ツヴィカウの予言者たち**　ザクセン領の都市ツヴィカウにあるカタリーナ教会の織工兄弟団に属していたニコラウス・シュトルヒを中心とした宗教的過激集団。シュトルヒは職業柄ボヘミアに行き、その地のターボル派と接触し、神秘主義に影響を受けたと考えられている。ツヴィカウを追放され、ヴィッテンベルクに赴いたが、そこにも長くは滞在できなかった。

ミュンツァー ドイツ民主共和国（東独）時代につくられたマイセン焼メダル。裏面はアルシュテット城。

を書いている。この書にはのちのミュンツァーの宗教思想的萌芽がみられる。プラーハからドイツにもどり、各地を転々と勤務するが、そのなかで重要な都市はザクセン選帝侯領の飛領地アルシュテットである。二三年の復活祭前に試験的にこの地の司祭に採用されたが、使命感溢《あふ》れる牧会活動をして、市民たちだけではなく、近隣住民の心をつかんでいった。

近隣のカトリック領主マンスフェルト伯はこうした状況に不安をいだき、ミュンツァーを攻撃しはじめた。これに対してミュンツァーは同志を募って「同盟《ブント》」を結成し、過激な行動に出た。ザクセン選帝侯フリードリヒ賢侯は弟のヨハン（次代の選帝侯）に命じて、こうした動きに対処させた。ヨハンは七月十三日にアルシュテット城内で息子ヨハン・フリードリヒ（次々代の選帝侯）とともにミュンツァーの主張を聴取した。ミュンツァーは「預言者ダニエルの第二章の講解」といういわゆる「御前説教」をおこない、ザクセン選帝侯権力に対して、信仰正しき民衆とともに神の国を打ち立てることを求めた。「神の口から正しくあなたがたの認識を学びなさい。あなたがたのへつらい上手な坊主ども「ルターたち」に惑わされて、その誤った説教によりまやかしの忍耐と寛容をふきこまれ、改革を滞らせることがないように」と。「御前説教」の結果はミュンツァーにとって悲観的なものではなく、「御前説教」を公刊することが許された。

ところが、こうした過激な動きを警戒したルターは、『反乱を起こす霊について、ザクセン選帝侯に宛てた手紙』を公刊し、ミュンツァーを徹底的に弾劾した。その結果、ザクセン選帝侯権力は態度を変え、ミュンツァーに同盟を解散し、選帝侯当局への絶対的な服従を求めた。身の危険を感じるようになったミュンツァーは八月七日の夜に密かにアルシュテットを離れていった。

この間、ミュンツァーは『弁護および論駁《ろんばく》の書』を書き、ルターの文書に反論する。ルターをたんなる聖書学者だと決めつけ、激しく批判する。そもそもこの著書の正式のタイトルは『極めてやむをえざる弁護論、および、よこしまな方法で聖書を強奪して、痛ましきキリスト教界を嘆かわしく冒瀆《ぼうとく》した、聖霊をもたずにぬくぬくと生きているヴィッテンベルクの肉塊に対する論駁』である。

今日の聖書学者は聖書の知識を誇り、あらゆる本をこれでもかこれでもかと書き殴り、毎日毎日「信じよ、信じよ！」と無駄口を叩いている。けれども、信仰の源を否定し、神の霊を嘲笑してまったく何も信じていない。……彼らは安息と安楽と地上における高い地位を望みながら、信仰の源を理解していると誇っている。しかし、実際には、まったく反対のことをおこなっている。正しい霊をいつわりの霊だとか悪魔だとののしり、聖書を利用しては自分たちをかばっている。

ルターの聖書主義に対して聖霊主義を唱え、信仰の根拠を聖書に求めず、聖霊の直接の啓示（内なる言葉）におく心霊主義的神学を展開した。そのうえで、聖霊の内なる言葉を聞けるものは世俗の富にとらわれない心の貧しき者だと主張した。この考えは各地の都市下層民や貧農・鉱山夫に受け入れられていく。

一五二四年八月中旬に、ミュンツァーは当時中部ドイツ最大の帝国都市ミュールハウゼンに行き、そこで「神との永遠同盟」という信仰共同体でもある一種の軍事組織をつくった。しかし、都市当局に認められず、ミュールハウゼンを退去した。その後南ドイツ・スイスを旅行し、その地ですでに始まっていた農民蜂起を直接体験し、神の正義を実現する時期の到来を実感して急遽《きゅうきょ》ミュールハウゼンにもどる。留守中もミュールハウゼンにはミュンツァー支持者が活躍しており、帰還後ただちに市の中心教会である聖マリア教会の司祭となった。彼は説教壇から神の意志による現世変革の時がきたことを訴えた。二五年三月には古い市参事会を解散させ、「永久市参事会」の設立に関与した。四月、農民戦争がチューリンゲン地方一帯に拡大してきたときに、ミュンツァーはかつて活躍していたザクセン選帝侯領の飛領地アルシュテットの人々に次のように蜂起を呼びかけている。

愛する兄弟たちよ！　どれだけ長く眠っているのか。……君たちが神のために苦しみを引き受けようとしないなら、君たちは悪魔の餌食にならなければならない。……ドイツ、フランス、イタリア全土は目覚めつつある。……さあ、立て。時は今だ。悪人どもは犬のように怯えている。……背神の輩《やから》の嘆きに耳を貸すな。彼らは諸君らに慈悲を願ったり、子どものように泣きわめいたり、命乞いをするだろう。だが情け容赦をするな。……村々や町々の人々、とくに鉱夫たちや進んで加わる他のよき仲間よ、奮い立て。われわれはこれ以上眠っていてはならない。……

『農民の殺人・強盗団に抗して』

▼ヘッセン方伯フィリップ(在位一五〇九〜六七)　一五二三年にはル

さあ立て。火は熱いうちだ。剣を冷やすな、鈍らせるな。……奴らの城を大地に叩きつぶせ。奴らが生きているかぎり、諸君は人間の恐れから解放されないのだ。奴らが諸君を支配しているかぎり、神について諸君に語ることはできないのだ。日のあるうちに立て。神が諸君を先導して進まれる。続け、続け。

ルターはこうした状況に対して『農民の殺人・強盗団に抗して』を諸侯に向けて書いている。

諸侯・領主は自分が神の役人であり、神の怒りの奉仕者であり、ローマ書一三章［四節］によれば、こうした悪者に対するために剣を委ねられているることを想起すべきである。……だから、ここで眠っていてはならない。ここではまた忍耐も慈悲も無用である。今は剣と怒りのときであって、恵みのときではない。……

敬虔《けいけん》なるキリスト者は、農民たちの言い分に毛筋ほどでも同意するくらいなら、百度も死んだほうがましである。……それゆえ、愛する諸侯よ……なしうるものは誰でも刺し殺し、打ち殺し、絞め殺しなさい。そのために

ター派の説教師を領内から追放していたが、二六年のホンブルク宗教会議後に領内に宗教改革を導入した。修道院を廃止し、その没収財産を貧民・病人救済の費用にあてただけではなく、二七年にプロテスタントの最初の大学としてマールブルク大学を創設した。二九年にルターとツヴィングリの信仰告白を一致させようとマールブルク宗教会談を開いたが、失敗した（八五頁以下参照）。三一年のシュマルカルデン同盟結成後その中心メンバーになって、皇帝カール五世に対峙していたが、四〇年に教会法上・帝国法上の違反行為である重婚事件を起こし、皇帝に対し弱い立場に立った。シュマルカルデン戦争後、フィリップは皇帝によって五年間スペイン領ネーデルラントに囚われの身になった。

あなたが死ぬことがあっても、あなたにとって幸いである。これ以上祝福された死はあなたにはありえない。というのは、あなたが神の御言葉と命令に従い［ローマ書一三章］、また、地獄と悪魔の絆から隣人を救い出す愛の奉仕のうちに死ぬからである。……もしこのことがあまりに酷すぎると思う者がいれば、反乱が放置することが許されないものであり、この世の破滅が刻々と迫りつつあることを銘記すべきである。

ルターは「暴力はときには慈悲である」とすら述べ、反乱農民たちに断固立ち向かうように諸侯の尻をたたいた。ヘッセン方伯フィリップ▲を中心に諸侯軍はミュールハウゼンに向かうが、ミュンツァーはフランケンハウゼン救援に向かい、この地が決戦場となった。農民軍は敗北し、ミュンツァーはとらえられた。五月二十七日ミュールハウゼン陥落後に彼は斬首された。翌月シュヴァーベン地方の農民軍も各個撃破され、ドイツ農民戦争は終結に向かった。

ルターの結婚

農民蜂起が荒れ狂い、ミュンツァーが斬首刑に処せられたおよそ半月後の一五二五年六月十三日にルターは密かに結婚した。反対を押し切って仲間内だけでまず結婚式をあげた。公式の結婚披露は二週間後の六月二十七日におこなわれた。結婚相手は脱走修道女のカタリーナ・フォン・ボラ(一四九九〜一五五二)という没落貴族の娘だった。彼女は一五〇八年にライプツィヒの南東に位置するグリマ近郊にあるシトー派女子修道院ニムブシュンに預けられ、一五年、一六歳のときに修道誓願をおこなった。修道院のなかで同僚とともに、おそらくルターの初期の著書を読んだと思われる。とくにルターがヴァルトブルク城滞在中に書いた『修道誓願について、マルティン・ルター博士の判断』(一五二一年)がそのなかにあったろう。そこには、「修道誓願は誤りの、悪魔の、偽善の教え」とか「誓願は福音的自由に反する」あるいは「いつわりの不信仰の独身より、信仰深い自由な結婚のほうがよりよい」といった文言が多数みられる。一二人の修道女がこうしたルターの教えの影響を受けて修道院を脱走する計画を立てた。それを助けたのは修道院と商いをし、ニシンなど食料品を運びこんでいた商人で、トルガウの市民コッペ▲であった。二三年四月四日から復活祭の五日未明にかけて脱出は決行された。ルターに敵対していたザクセン公の領土

▼**レオンハルト・コッペ**　コッペについての詳細は不明だが、ルターがコッペ宛に書いた手紙で「慎重で聡明なレオンハルト・コッペ、私の特別な友人」と呼びかけている。ルターはこの手紙を『若い女性たちが神々しくも修道院を去った理由と弁明』と題して小冊子として出版している。ごくかぎられた身内だけのルター結婚式にコッペはまねかれている。

にあった修道院からの脱出は命がけの行為であった。伝説によれば、コッペが搬入したニシン樽《たる》のなかにかくれて脱出したという。

一二人の修道女が脱出し、三人は親元に帰ったが、九人はルターのいるヴィッテンベルクに逃れてきて、市民の家庭に受け入れられ、パートナーをみつけて結婚していった。カタリーナはしばらくクラーナハの家に滞在していたが、ニュルンベルクの門閥市民の息子、バウムガルトナー▲と知り合い、おたがいに好意をもった。彼は一五一八年にヴィッテンベルク大学に学生登録をしており、いわばルターの教え子にあたる。ニュルンベルクの親のもとに帰り、結婚の許しをえようとしたが、反対にあい、ヴィッテンベルクにもどらずに二六年に市民の娘と結婚した。そのあと彼はニュルンベルク政治の中枢で活躍する。

カタリーナにはその後大学関係者のカスパール・グラーツという人物と縁談話が持ち上がるが、彼女はルターの同僚のアムスドルフに、「結婚するなら、アムスドルフかルターのいずれか」といって断った。しかし、ルターのほうは別の元修道女アヴェ・フォン・シェーンフェルト▲に関心を示していたが、振られてしまった。

▼ヒエロニムス・バウムガルトナー（一四九八〜一五六五）　一五二四年ニュルンベルクにもどったバウムガルトナーにルターは次のように書き送っている。「君がケーテ・フォン・ボラをしっかりつなぎ止めておきたいなら、手近にいる者と結婚させられる前に、急ぎなさい」と。バウムガルトナーは二六年に市参事会員に、三三年は市長になり、ニュルンベルクを代表してしばしば帝国議会に出席している。

▼アヴェ・フォン・シェーンフェルト（一五〇〇?〜一五四一）　ザクセン貴族の出身で、遅くとも一五一五年に妹とともにシトー派女子修道院ニムブシュンにはいる。カタリーナ・フォン・ボラとともに修道院を出て、ヴィッテンベルクのクラーナハの家に逗留する。おそらくそこで知り合った薬剤師バジリウス・アクスト（一四八六〜一五五八）と結婚する。アクストはのちに初代のプロイセン公アルブレヒト一世の侍医になる。

その後結局、四二歳の元修道士ルターと二六歳の脱走修道女カタリーナは結婚した。ルターはカタリーナのことをケーテという愛称で呼ぶ一方、「私の主人」「女主人」と手紙のなかで呼びかけてもいる。家政一般をまかせきりだったからであろう。この破天荒な行為をカトリック側は激しく攻撃した。これに対して、二五年から二九年にかけてルターは自分たちの結婚をあえて公に知らしめ、聖職者の独身性や内縁関係を批判した。聖職者の結婚を勧めるプロパガンダとしての夫婦像がこの時期に多数制作された。こうした夫婦像は現存する数だけでも三〇をこえている。

エラスムスとの対決

農民戦争がまだ終結していない一五二四年九月に、エラスムスは『自由意志について』を出版し、ルターとはっきり対峙《たいじ》することになる。「エラスムスが生んだ卵をルターが孵《かえ》した」としばしばいわれるように、両者の考えには当初近いものがあった。エラスムスは『痴愚神礼讃』の作品を通じてもっぱら文明批評家、あるいはユーモア風刺作家と位置づけられているが、歴史的には神学

●—ルターとカタリーナ・フォン・ボラ

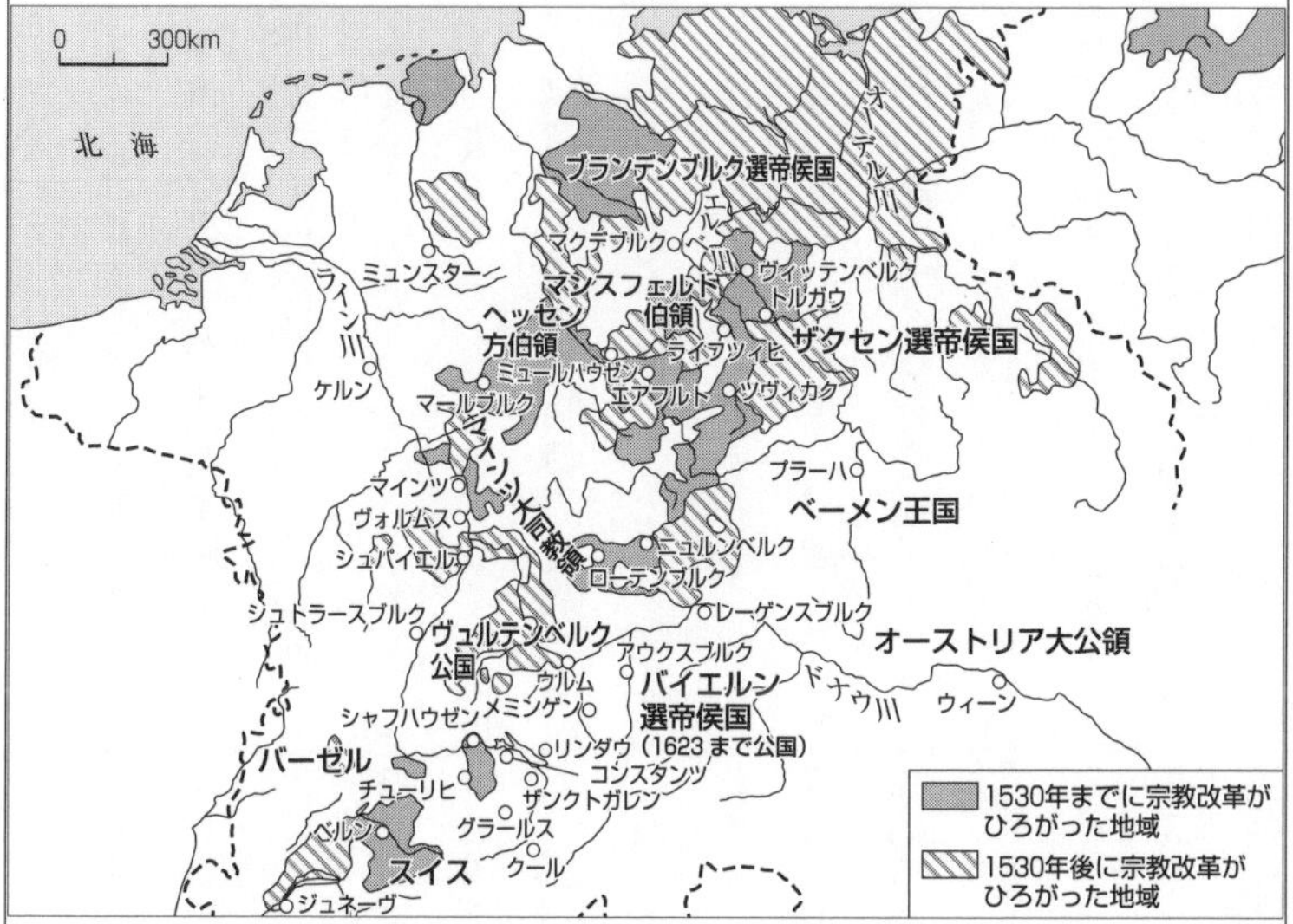
0
300km
北 海
ブランデンブルク選帝侯国
オーデル川
エルベ川
マクデブルク
ミュンスター
ライン川
マンスフェルト伯領
ヴィッテンベルク
トルガウ
ヘッセン方伯領
ライプツィヒ
ザクセン選帝侯国
ミュールハウゼン
ケルン
エアフルト
ツヴィカウ
マールブルク
マインツ大司教領
プラーハ
マインツ
ヴォルムス
ベーメン王国
ニュルンベルク
シュパイエル
ローテンブルク
シュトラースブルク
レーゲンスブルク
ヴュルテンベルク公国
オーストリア大公領
アウクスブルク
ウルム
バイエルン選帝侯国
(1623まで公国)
ドナウ川
ウィーン
シャフハウゼン
メミンゲン
リンダウ
バーゼル
コンスタンツ
チューリヒ
ザンクトガレン
グラールス
ベルン
クール
スイス
ジュネーヴ
1530年までに宗教改革がひろがった地域
1530年後に宗教改革がひろがった地域

●—宗教改革時代のドイツ

者としての意味が極めて大きい。

エラスムスはルターの『九五カ条の論題』発表の一年前の一五一六年に『校訂新約聖書』を出版し、人文主義的な立場から新約ギリシア語原典の校訂をおこなったが、その前文で次のように述べる。

聖書が俗語に翻訳されて、俗人にも読まれるようになることを欲しない人がおります。彼らは、あたかもキリストが少数の神学者たちだけにかろうじて理解できるように難しく教えられたとか、あるいは、キリスト教の保護はそれを知られないことにあるかのように考えています。私はそうした人とは意見を異にしています。……けれども、農夫が鋤《すき》の柄を手にしながら聖書の章句を口ずさみ、織工が杼《ひ》を打ちながら節をつけて歌い、旅人は聖書の物語で旅の疲れをいやすことを私は願います。

ルターの万人祭司主義を思わせる内容になっているが、ルターとエラスムスの一致は当時の人々も証言している。

一五一八年四月にルターの所属するアウグスティヌス修道会の地区総会がハイデルベルクで開かれた。そこでルターの主張をめぐる、いわゆる「ハイデル

▼ヨハネス・ブレンツ（一四九九〜一五七〇）　一五一四年以降ハイデルベルク大学で学び、一八年に修士の学位をえる。二二年帝国都市シュヴェービシュ・ハルの牧師にまねかれ、二七年に『教会規則』の制定を実現した。四八年シュマルカルデン戦争敗北の結果ハルを追われるまで一貫してハルの牧師にとどまった。五〇年ヴュルテンベルク公クリストフの神学顧問としてまねかれ、ヴュルテンベルク領邦教会の確立に寄与した。

▼マルティン・ブツァー（一四九一〜一五五一）　一五〇六年ドミニコ会修道士となる。ハイデルベルク大学にはいり、ルターとの出会いが彼を新しい神学に与させることになる。二一年修道誓願の特免を受け、ファルツ伯の宮廷司祭となる。翌二二年フランツ・フォン・ジッキンゲンのもとでラントシュトゥールの司祭となる。その年に独身誓願を破って結婚した。ジッキンゲンが騎士戦争に敗れたあと、身の危険を感じてシュトラースブルクへ移った。その地に長くとどまり、宗教改革を実施する。二九年ヘッセン方伯フィリップとと

もに、ルター派とツヴィングリ派の改革陣営の一致を願ってマールブルク会談(八五頁参照)を設定したが、失敗に終わる。三〇年のアウクスブルク帝国議会には「四都市信仰告白」を提出する。四八年、仮信条協定を拒絶して、シュトラースブルクを退去。翌年、イングランドにわたり、エドワード六世の治世下のもとで教会の改革にかかわった。主著に『キリスト王国論』がある。

ベルク討論会」がおこなわれた。その場にはハイデルベルク大学に学んでいた若い人文主義者たちも多数傍聴しており、そのなかにのちに南ドイツの宗教改革に従事したブレンツやブツァーもいた。ブツァーは、討論会を傍聴した翌日［四月二十七日］にルターと面談し、そのときの印象を友人の人文主義者レナーヌス(次頁用語解説参照)に書き送っている。

　翌日わたしはルターをまねき、二人だけでじっくりと話し合っただけではなく、食事もとっていただいた。……彼はエラスムスとあらゆる点で一致しています。それどころか、エラスムスがたんに婉曲に暗示し、ほのめかすにすぎないことを、公然といってのけ、教えています。その点で少なくとも、彼のほうが毅然《きぜん》としているように思われます。

ブツァーはしばしば「ドイツ宗教改革の第三の男」といわれるように、のちに宗教改革運動で中枢的役割をはたした人物だが、そうした人物がルターとエラスムスの一致を伝えている。

また、二一年春にチューリヒで出版されたパンフレット『神の水車』でも、エラスムスとルターの共同作業が描かれている。水車で挽《ひ》かれた粉をエラスム

▼**ベアートゥス・レナーヌス**(一四八五〜一五四七)　一五〇三〜〇七年パリ大学に学び、故郷シュレットシュタットにもどったのち、シュトラースブルクに行き、ゼバスティアン・ブラントをはじめアルザスの人文主義者と交流をもった。一一年バーゼルに移住し、その地でエラスムスの協力者になった。教会上の観点では彼はエラスムスと同じ見解をもっていた。

『神の水車』表紙

スが吟味し(『校訂新約聖書』を暗示)、ルターがその粉を捏《こ》ねてパンをつくる(九月聖書を暗示?)。両者はともにローマカトリックに対抗する姿で描かれる。エラスムス自身もツヴィングリに宛てて二三年八月三十一日に次のように書いている。

ルターが教えていることをほとんどすべて教えてきたように思う。ただし、あれほど粗暴でもなく、謎や逆説に満ちた仕方ではありませんでしたが。

ところが、二四年四月以降に出版されたと考えられる匿名のパンフレット『農民、ベリアル、エラスムス・ロッテルダム、ヨーハン・ファブリ博士の小対話本』では、エラスムスは裏切り者として描かれている。そのなかでは農民がエラスムスを次のように攻撃している。

エラスムスは神の言葉を称揚し、すべての学識者に刺激を与え、覚醒させるために書物を最初は書いたのに、いまは実際にはめめしくそれに矛盾することをしているのはどうしてなのか。ローマの反キリストの偶像を破壊し、罪深き生活を最初に罰し、攻撃したのは彼ではなかったのか。その彼がいまはふたたびローマの反キリストをこのうえなく熱心に称揚し、評価し、重要視している。どうして彼はこのようなばかげたことをするようになったのか。何が彼の精神を駄目にしてしまったのか。

エラスムスがルターから離れたことが、一般に広く知られたことがわかる。そうした時期にエラスムスは著書『評論・自由意志について』によってルターとの相違を明確にした。エラスムスは、永遠の救いをえるにあたって人間の意志の力がある程度作用しうると主張する。これに対して、ルターは『奴隷的意志について』を農民戦争終結後に出版し、エラスムスに反論した。ルターは、「神の恩寵《おんちょう》を欠いた自由意志はまったく自由ではなく、単独では善へと自己を向けることができないので、永遠に悪の捕虜にして奴隷なのである」と主張する。人間の意志が神の前では無力であって、救いは神の恩寵なしには達成されえない、とした。

エラスムスはこの論争によりローマカトリックの思想的立場にいることをはっきり示した。この結果、多くの人文主義者がエラスムスに従ってルター陣営を離れることになった。ルターは人文主義者、農民階層の批判を受け、ますます領邦君主を頼らざるをえなくなっていく。

ツヴィングリとの対決

ルターは、人文主義者の方法で聖書を解釈して、宗教改革に入ったツヴィングリとさまざまな点で意見を異にしたが、決定的な両者の違いは聖餐論《せいさん》にあった。ルターは改革論文『教会のバビロン捕囚について』においてカトリックのミサを批判した。パンとぶどう酒による二種陪餐《ばいさん》を全信徒に認めることを主張し、司祭と信徒の区別を否定して、万人祭司の立場をあらわした。そのうえで、パンとぶどう酒が聖壇においてその形色を保ちながら、実質はキリストのからだと血とに変化するといういわゆる「全質変化」(化体説)を批判した。パンとぶどう酒は実質変化をせず、形態をそのままにしてそのなかにキリストのからだと血が存在する、いわゆる共在説を主張した。

ツヴィングリはルター同様に二種陪餐を主張したが、キリストのからだと血が共在するとするルターの立場に与せず、聖餐におけるキリストの肉的存在を否定した。「パンそのものはパンのままであるが、わたしたちはパンのなかに、あるいはパンの下にあるキリストのからだを食する」というルターの聖餐説は論理必然的にはカトリックの化体説を認めていることになる、とツヴィングリは主張する。そのために、ツヴィングリは「これはわたしのからだである」という聖体制定の言葉の「……である」を「……を意味する」と解釈し、聖餐を「キリストの犠牲の思い出」とする記念祝祭とみる象徴説の立場を取り、信仰は「食べられるキリスト」によってではなく、「殺されたキリスト」によって生きることを主張した。ツヴィングリとって聖餐はキリストの十字架の周りに集まった人々の共同体的食事の性格をとり、キリストのからだは共同体のなかに霊的に現在するとみなされた。

ルターはツヴィングリの聖餐説を異端的とみなし、激しい応酬がおこなわれた。対立の溝は深まっていた。しかし、スイスの諸都市だけではなく、西南ドイツの諸都市もツヴィングリ説に傾いていった。両改革者の意見相違は宗教改革派の大同団結を不能にしていた。

④―ルター派容認への道

シュパイエル帝国議会

ヴォルムス勅令の公布後、皇帝カール五世は一五三〇年までドイツの地を離れ、帝国内の政治を帝国統治院▲に委ねていた。諸侯のなかでヴォルムス勅令を領邦内で実際に厳しく施行したのは南ドイツのバイエルン公以外にはいなかった。一方、一五二四年にはヘッセン方伯フィリップが宗教改革になびき、翌二五年四月にはドイツ騎士団領▲が宗教改革を受け入れ、世俗の公領となった。この結果、ルター問題は諸侯間の重要な政治的係争問題になっていった。親ルターの諸侯も反ルターの諸侯も、宗教問題を自らの手で秩序づけたいという意志においては一致しており、農民戦争の克服にあたっては宗派対立をこえて協力し合った。ところが、ミュンツァーをとらえ、処刑すると、諸侯間の宗教対立は再燃した。親ルター派はヘッセン方伯を中心にトルガウ同盟を、カトリック側はザクセン公ゲオルクを中心にデッサウ同盟を結成し、対峙《たいじ》した。

一方、ドイツを取り巻く外交も困難に行きあたっていた。皇帝カール五世は

▼帝国統治院　一五〇〇年にアウクスブルクの帝国議会において設置が決められた統治制度。皇帝、あるいはその代理者のもとで、帝国の諸身分の代表が帝国の諸案件を処理した。しかし、十全に機能することなく一五〇二年に廃止された。二一年にカール五世が皇帝に選出されるにあたって約束した「選挙協定」において復活が取り決められた。この第二次帝国統治院も一〇年間しか存続しなかった。しかも、二二年の騎士の乱、二四〜二五年の農民戦争という帝国の重大事件に際して、この機関はほとんど機能せず、有力な領邦君主の力で解決された。

▼ドイツ騎士団領　ドイツ騎士団は一一九〇年第三回十字軍のアッコン包囲戦の際にドイツ人商人たちが建てた野戦病院に起源をもつ。九一

年に皇帝ハインリヒが後ろ盾になって宗教騎士団として組織され、九九年に教皇の認可をえた。十三世紀後半になって聖地パレスティナを離れ、バルト海沿岸の異教徒の改宗・教化に努め、広大な領域を支配下に治め、領邦国家を形成した。総長アルブレヒト・フォン・ブランデンブルクのときにルター派になり、世俗諸侯になり、プロイセン公国の基になった。

▼ラヨシュ二世(在位一五一六〜二六)　一〇歳でハンガリーとボヘミアの国王として即位。二〇歳のときにオスマン帝国のスレイマン一世が率いるオスマン軍とモハーチで戦い、戦死した。ラヨシュ二世の王妃マリアの兄は、フェルディナント大公(のちの神聖ローマ皇帝フェルディナント一世)で、しかも姉アンナの夫であった(ハプスブルク家の二重婚姻政策)。その結果、ハンガリー・ボヘミア両王位をフェルディナントが継承することになる。すぐには実効支配はできなかったが、両王位は以後ハプスブルク家の世襲となった(三四頁参照)。

イタリアを主戦場にフランス王フランソワ一世と長期にわたって矛を交えていた。また、オスマン帝国が勢力を拡大し、その脅威がヨーロッパにおそってきていた時期でもある。スレイマン一世は一五二一年にベオグラードを陥落させ、さらに、二六年八月にはモハーチの戦いでハンガリー王ラヨシュ二世▲を戦死せしめた。侵略の触手はウィーンに向かい、オーストリアは強い脅威を感じていた。

　そもそもスレイマン一世にハンガリー侵略をそそのかした人物はフランス王フランソワ一世だった。しかも、一五二六年五月にはフランソワは教皇クレメンス七世とコニャック同盟を結んで、カール五世を牽制していた。これら脅威に対抗することは、オーストリア・ハプスブルク家単独の力では不可能であり、ルター派諸侯を含めたドイツ諸侯の援助を必要とした。このような状況下で六月に開催されたシュパイエル帝国議会(第一回)では、ルター問題が政治の取引材料に使われた。帝国議会最終決定は次のようなものだった。

　公会議、あるいはわれわれの臣下たちを含めた国民会議の開催までは、ヴォルムスで開催された帝国議会において皇帝陛下が出された勅令に関係する事柄においては、各人は神と皇帝陛下に対し責任がとれると期待し、確信するように、自らの判断で生活し、統治し、事態を処理すべきである。

公会議、あるいは国民会議の開催まで一年あるいは一年半という期限の限定はあったが、この最終決定によって諸侯は、自らの良心に従ってのみ領地内の宗教問題に取り組んでよいことになった。当初シュパイエル帝国議会を召集した目的は、ヴォルムス勅令の再施行であったが、逆にルター派の教えは領邦君主が自ら責任をとれるという前提で、一時的に容認された。ハプスブルク家は苦しい立場を切り抜けるためにルター派諸侯の力を借りざるをえなかったので、大幅な譲歩をしたのである。

この帝国議会の決議にもとづいて、ルター派諸侯は領内の宗教的整備に積極的に取り組んだ。ヘッセン方伯は二六年十月にホンブルクで領邦の宗教会議を開催し、新しい宗教改革的な教会規則の制定に取りかかった。しかし、審議された教会規則はスイス・上部ドイツの宗教改革の影響を強く受けており、ルターの批判を受けて制定されなかった。ルターは統治権力の名のもとに宗教的な巡察をおこない、徐々に新しい教会規律や教えを浸透させる道を提案した。宗

●─**フランソワ一世**(在位一五一五〜四七)
フランスのヴァロア王朝の国王。生涯をつうじて皇帝カール五世と覇権を争い、長年にわたってイタリア戦争を続けた。一五二五年にはパヴィアの戦いでカールのスペイン軍の捕虜となり、マドリードに送られて幽閉される屈辱を味わう。その後、ドイツ内のプロテスタント諸侯やオスマン帝国のスレイマン一世と組んでカールを苦しめた。国内的には王権の強化をはかるとともに、王立教授団(のちのコレージュ・ド・フランス)の設立、イタリア文化の導入で文化の興隆に寄与した。

●─**スレイマン一世**(在位一五二〇〜六六)
オスマン帝国第一〇代のスルタン。帝国の最盛期を築き、ヨーロッパにも勢力を拡大した。一五二六年にハンガリーを征服し、二九年にウィーンを包囲し、ハプスブルク家に脅威を与えた。宗教改革期のヨーロッパの政局を左右させることになっただけではなく、ルターのトルコ観にも影響を及ぼした。

●─**クレメンス七世**(在位一五二三〜三四)
メディチ家出身の教皇で、レオ十世の従弟にあたる。在世中は、イタリア戦争と宗教改革運動の展開といった極めて困難な政治状況におかれた。一五二五年のパヴィアの戦いで、フランスのフランソワ一世が皇帝カール五世に敗北すると、教皇は皇帝のイタリア支配を恐れ、二六年に皇帝に対抗するためにフランソワ一世、ヴェネツィア共和国、ミラノ公国、フィレンツェ共和国とコニャック同盟を結んだ。これに対して二七年にカール五世は軍をローマに侵攻させた。クレメンス七世はサンタンジェロ城に逃れたが、市内では殺戮、破壊、略奪等の惨劇がくりひろげられた(「ローマ略奪」)。三〇年にボローニャにおいてクレメンスはカール五世に帝冠を授けることになる(八七頁参照)。

教改革はこうして権力による「上からの改革」というかたちをとり、万人祭司主義の姿は消えていった。

一方、ザクセン選帝侯領内では選帝侯ヨハンは二七年に『巡察者のための訓令』を発布し、選帝侯の顧問官や神学者四名を巡察者に任命し、彼らに領内各地の宗教・教育事情を視察させた。巡察者は聖職者や学校教師の能力・品行を調査し、統制した。一般住民に対しては生活ぶりを監督し、異端的な動きを封じ、領内の宗教的統一をはかった。巡察教会の体制は結果的に政治の安定を確立する方途となり、ルター派諸侯のもとにある領邦国家に随時浸透し、「宗教改革の国家管理」が進んでいった。

第二回シュパイエル帝国議会

皇帝カール五世は、フランスとコニャック同盟を結んでいた教皇に向けて、一五二七年五月に軍勢をローマに派遣し、徹底的にローマを劫掠《ごうりゃく》した。しかし、二九年に入ってフランス・教皇とも和平を結べる兆しがみえてきた。さらに、オスマン帝国の脅威も一時的に減退して、余裕のできた皇帝は懸案のルター問題を解決すべく、第二回シュパイエル帝国議会を三月に開催させた。

この帝国議会では、カトリック勢力の巻き返しがおこなわれた。一五二六年の帝国議会最終決定がひっくり返され、事実上、一五二一年のヴォルムス勅令が再施行されることになった。この決定に対して、四月十九日に五人のルター派帝国諸侯と一四の帝国都市が抗議(プロテスト)をおこない、これ以降宗教改革の支持者たちにプロテスタントの名が用いられることになる。ところが、抗議をおこなった一四都市はすべて西南ドイツの帝国都市であった。そのうちのコンスタンツとザンクト・ガレンはスイスのツヴィングリ派都市と同盟し、そのほか六都市もツヴィングリ派に近かった。信仰告白の相違が皇帝・カトリック派に対抗するには障害になり、諸侯と都市の同盟締結を難しくしていた。

両者の信仰の統一をはかり、同盟することで、共同して政治的に行動できると考えていたのはヘッセン方伯フィリップであった。彼は二九年四月二十二日にツヴィングリに宛てて手紙を書き、自分の城下マールブルクでルターやメランヒトンとの会談をおこない、「共通のキリスト教理解」を促進するように要請した。この日付はシュパイエル帝国議会に抗議文を提出したわずか三日後、帝国議会の最終議決が出された日のことである。このことからヘッセン方伯フィリップが企図した宗教会談は政治的同盟を実現するための前提として信仰告白の一致をはかろうとしたことは明らかである。ツヴィングリは五月七日に返事を書いて、万難を排して会談に出席することを約束している。

会談は二九年十月一日より三日にわたっておこなわれたが、聖餐《せいさん》説の相違を克服できず、不首尾に終わった。フィリップの目算ははずれたが、そもそもルターは信仰のために政治的同盟を結成して、皇帝に反抗することの合法性を確信できなかった。また、ツヴィングリに対する不信も大きかった。ルターは三八年四月二十二日の『卓上語録』で次のように回顧している。

かつてツヴィングリの保護者であったヘッセン方伯は、われわれの間で一致を確立しようし、たがいに兄弟と呼ぶようにと望んだ。しかし、私は承諾しなかった。ツヴィングリが涙ながらに「彼がわれわれの教会にとどまり、われわれの間で分裂を避けたい」と願ってもである。彼がそのうちに罰せられ、正気にもどることを、私は願っている。

ルターはかたくなに信仰告白の一致を求め、政治的同盟は不可能となった。

『信仰の弁明』

AD CAROLVM
ROMANORVM IMPERATO-
rem Germaniæ comitia Augustæ cele-
brantem, Fidei Huldrychi
Zuinglij ratio.
VENITE AD ME OMNES QVI LABORATIS
ANNO M. D. XXX.
Vincat ueritas.

▼**「四都市信仰告白」**　「アウクスブルク信仰告白」の署名に参加を許されなかったシュトラースブルクは皇帝に独自の信仰告白を手渡そうとした。ブツァーを中心に書かれた信仰告白は「アウクスブルク信仰告白」に倣って書かれているが、聖餐説の違いのほかにとくに聖書原理が強調されている。この信仰告白には、シュトラースブルクのほかにコンスタンツ、メミンゲン、リンダウが署名したので「四都市信仰告白」と呼ばれるが、皇帝は帝国議会でその朗読を許さなかった。

アウクスブルク帝国議会

皇帝カール五世は一五二九年六月にバルセロナ条約によって教皇クレメンス七世と、八月にカンブレ和約により、長年敵対していたフランスのフランソワ一世と和平を結んだ。一方、九月から十月にかけてなされたオスマン帝国軍によるウィーン攻囲を切り抜けて、カールは対外政策に対する余裕を確保した。三〇年二月二十四日、自分の誕生日にボローニャにおいて、カールはローマ教皇から帝冠を受け、名実ともに皇帝になると、ドイツ国内の宗教的分裂を収束させる決心をかためた。ヴォルムス勅令を公布してから九年ぶりにドイツにもどり、三〇年六月にアウクスブルク帝国議会を召集した。そこでカールはプロテスタントに自らの神学的立場を説明することを求めた。

ルター派はメランヒトンがまとめた「アウクスブルク信仰告白」を提示し、帝国議会での朗読を許された。ヘッセン方伯もこの信仰告白を受け入れた。一方、ツヴィングリは『信仰の弁明』をカールに送付し、シュトラースブルクなど西南ドイツ四都市は「四都市信仰告白」▲を皇帝の副宰相に手渡したものの、ともに朗読することは許されなかった。それぞれの信仰告白が提示された結果、はからずもプロテスタントの宗派的分裂が明らかになった。それを受けて、皇帝カールはヴォルムス勅令の再施行を帝国最終決定とした。

ヴォルムス勅令の厳しい再施行はルター派諸侯・都市に危機意識を生ませることになった。皇帝への武力抵抗に否定的だったルターも法律家の意見に押されて、三一年に皇帝・カトリック領邦と軍事的に対抗する姿勢に賛意を示し、シュマルカルデン同盟▲が結成された。三一年にツヴィングリがカペル戦争で戦死し、ツヴィングリ派の影響力がなくなると、「四都市信仰告白」を支持していた西南ドイツの福音派はルター派に歩み寄った。三六年にルター派の聖餐論にもとづく「ヴィッテンベルク一致信条」が成立して、ドイツのプロテスタントはまとまりを示し、シュマルカルデン同盟の参加者も増加した。ルターを敵視していたザクセン公ゲオルクが三九年になくなり、弟のハインリヒがザクセン公について宗教改革を導入し、プロテスタント側は結束をかためた。その後、四一年にハインリヒがなくなると、ヘッセン方伯フィリップを義父にもつモーリッツがザクセン公になり、シュマルカルデン同盟の軍事的中心人物になった。一方、カトリック側は一五三八年にカトリック諸侯同盟を結成したが、対オス

▼**シュマルカルデン同盟**　ヘッセン方伯フィリップとザクセン選帝侯ヨハン・フリードリヒを主導者にプロテスタント七諸侯と一一帝国都市によって結成された反皇帝同盟。皇帝カール五世は対トルコ戦役を続行する必要上、一五三二年にニュルンベルクでシュマルカルデン同盟と休戦会議をもち、一時的な宗教平和を確保した。教皇によって招集される公会議まで休戦すること、その間、プロテスタント側の宗教的立場は保障された。

●―**カペル戦争**　一五二七～二八年にツヴィングリに従うスイス改革派諸邦は「キリスト教都市同盟」を結成した。これに対してカトリック諸邦はフェルディナント国王と「キリスト教連合」を結び、相互援助を約束した。二九年両宗派の軍隊がカペルで対峙したが、この時は中立諸邦の仲介で戦闘にはいたらなかった。しかし、ツヴィングリは改革派の信仰を全スイスに広げようと、再度戦争に走った。結果は、ツヴィングリがカペルの戦陣に倒れ、カペル和平が締結された。カトリックと改革派は相互に信仰を容認することになり、各邦がそれぞれに自分たちの宗派を決めることになった。

●―**カペル戦争記念碑**　カペル戦争の戦場跡に建てられた碑。

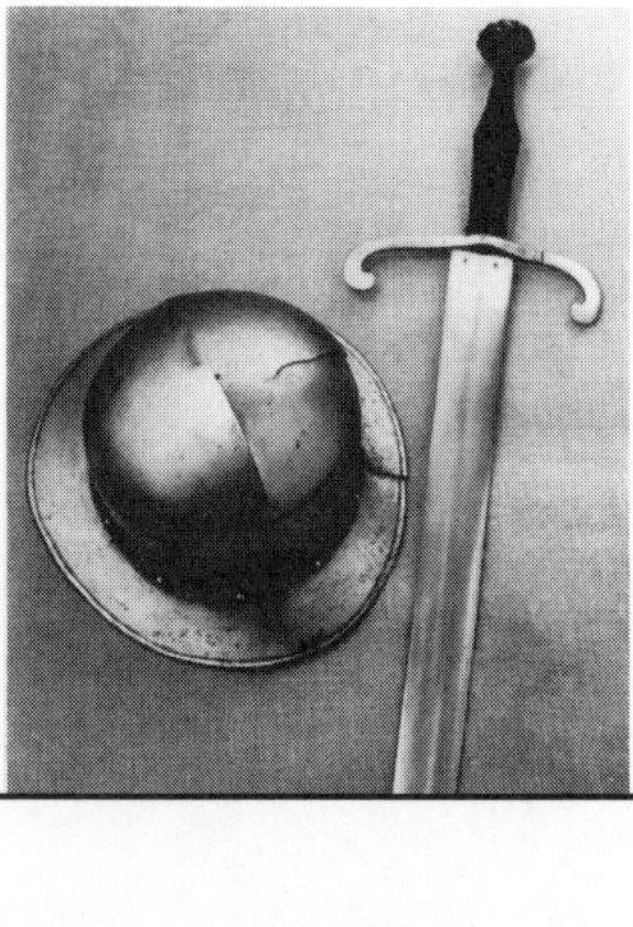

●―**ツヴィングリのヘルメットと剣**

●―**ツヴィングリ像**　右手に聖書、左手に剣をもっている。彼が宗教改革者であるとともに政治指導者だったことをあらわしている。

マン帝国や対仏の外交・軍事政策のために皇帝は身動きができず、戦争にはいたらなかった。

晩年のルター

一五三〇年のアウクスブルク帝国議会の折には、ルターは帝国アハト刑を受けていたため議会に出席を許されずにいた。そのため、ザクセン選帝侯領のコーブルク城に滞在し、帝国議会の議論の趨勢《すうせい》をみていた。この時期以降から死にいたるまでのルター晩年は彼の思想という点では寂しいものがある。晩年は病気がちで、とくに一五二七年以降ルターは左耳のメニエール病▲に苦しんでいたので、そうした病気との関連があるかもしれない。ルター自身、三三年三月十三日の『卓上語録』で次のように語っている。

めまい、耳のカランコロン、ザワザワする音がどれほどの苦痛を引き起こすか誰も信じてはくれない。一時間続けて読書したり、筋道を追って考え抜いたり、考察することはできなかった。カランコロンし出したら、横たわる以外方法はなかった。

▼**メニエール病**　激しい回転性のめまいと難聴が起こる病気で、フランス人医師プロスペル・メニエールが一八六一年にその原因を突きとめたので、この名がつけられた。ルターの時代にこの病名があったわけではないが、病状が近いと判断されている。

ルターはたしかに長いことメニエール病に苦しんでいた。鬱的傾向にもあって、再洗礼派▲やユダヤ人に対する考え方は初期の段階と大きく異なっていった。

再洗礼派

　再洗礼派に関しては、当初ルターは強い関心はなかった。一五二八年、ニュルンベルクの友人、ヴェンツェラウス・リンクに宛てた手紙では、「外の土地では再洗礼派に関して多くのことが書かれているが、幸いなことに当地では平安な状態にあります」と書いている。ヴィッテンベルクでは再洗礼派との直接的接触が長い間なかった。したがって、二八年に書かれた小著『再洗礼派について』のなかでも次のように述べている。

　このような貧しい人々が不憫《ふびん》にも殺害され、火刑に処せられ、虐殺されていることは、正しくないし、私は深く悩んでいる。誰にでも望むことを信じさせるべきである。間違った信仰をすれば、地獄で永遠の業火で十分に処罰されることになる。信仰において過ちを犯しただけで、暴動的でなく、お上《かみ》に反抗的でもないのに、なぜこの世で拷問するのか。聖書と神の御言

▼再洗礼派　個人の自覚的信仰を重視し、幼児洗礼を否定して、信仰告白にもとづく成人洗礼を施行した人々。狭義の再洗礼派は、一五二五年にチューリヒのツヴィングリ宗教改革の急進派から生まれた。ツヴィングリが世俗権力と手を結んだ改革をしたことに対して、急進派は別の改革方式を望んで別の教会を建てようとして、その組織への加入儀式として成人洗礼を施した。ドイツ農民戦争後に急速に各地に広がった。強い終末思想をもち武力蜂起を唱える党派から、無抵抗・平和主義をとり共産主義的集団生活を志向する党派までさまざまな派があり、統一性はない。

葉で彼らを阻止し、対抗すべきである。火あぶりによっては、何も成果をあげられないであろう。

ところが、一五三〇年代前半の『卓上語録』の記述には、「再洗礼派は首をはねられさえすればよい。なぜなら彼らは扇動的で、その誤りを正そうとはしないからである」とある。ミュンスター再洗礼派騒擾《そうじょう》▲のあと、三六年には再洗礼派を厳しく処罰すべきだと主張するメランヒトンの意見に同意して、次のように述べている。

剣を用いて彼らを処罰することは残酷にみえるけれども、彼らが御言葉の聖職者を弾劾し、正しい根拠のある教えをもたずに、正しい教えを抑圧し、そのうえにこの世の支配を破壊しようとしていることは、もっと残酷である。

ルターは晩年には寛容度が低くなったように思える。この点はユダヤ人に対しても同様だった。

▼ミュンスター再洗礼派騒擾　司教都市ミュンスターでは一五三二年より宗教改革が本格化し、司教権力と対峙した。三三年ヘッセン方伯の仲介で宗教協定が成立し、福音主義は公認された。その後福音主義の指導者ベルンハルト・ロートマンが幼児洗礼を批判しはじめ過激化すると、市内はカトリック、ルター派、ロートマン派の三つ巴の宗教的混乱に陥った。そうした折にオランダから多数の再洗礼派が流入してきて、三四年に再洗礼派が市参事会選挙で勝利し、合法的に都市の統治権をえた。しかし、その後市民に対して成人洗礼や財産共有制の強制、最後には一夫多妻制の導入がされるようになり、司教は近隣諸侯軍の力を借り、市を攻囲して、三五年六月に籠城軍を平定した。

ユダヤ人に対して

ルターは一五二三年に『イエス・キリストは生粋のユダヤ人である』を書き、ユダヤ人にかなり好意的な態度を示している。この書を書いた理由を序文において明快に示している。理由の第一は、カトリック教会側からルターが処女降誕説を信じていないと論難されていたことに反論することであった。もう一つの理由は、「キリストが処女より誕生した一人のユダヤ人であること」を聖書から証明し、「ユダヤ教徒を幾人かでもキリスト教信仰へ引き寄せることができる」と考えたからだ、とルターは述べる。そのうえで、「人々がユダヤ人に親切に振る舞い、聖書を注意深く教えれば、彼らのうちの多くは真のキリスト者となり、ふたたび彼らの父祖、預言者、そして族長たちの信仰に立ち戻ることであろう」と主張した。そして、本著作の最後でルターは次のように述べる。

それゆえ、彼ら〔ユダヤ人〕に対して親切に振る舞い、聖書から彼らを教育するように求め、忠告したい。そうすれば、彼らの若干の者たちは私たちとともに歩むであろう。そうせずに、私たちは彼らを暴力で追い払ったり、中傷したり、……している。彼らを犬のようにあつかうかぎり、どうして彼らの間に何らよきことを生じさせることができようか。彼らに労働をし、商業活動をし、私たちと人間的交流をすることを禁止して、高利貸しに彼らを追い込めば、どうしてそうしたことが彼らの役に立つと考えられようか。

ルター派は改革初期のこの段階では少数派で、中世以来迫害を受けてきた「少数派」のユダヤ教徒に同情していたことは指摘できる。また、改革理念にもとづき、ルターはユダヤ人を改宗できるという信念を強くもっていたと考えられる。

ところが、『イエス・キリストは生粋のユダヤ人である』を書いてから二〇年後の一五四三年に、ルターは悪名高いユダヤ人論『ユダヤ人と彼らの虚偽について』を含む三部作を書いている。それらをみると、ルター晩年のユダヤ人論は、前期ルターのユダヤ人論とまったく異なっている。『ユダヤ人と彼らの虚偽について』ではユダヤ人の問題を指摘して、世俗当局に対して次のように述べる。

彼らに対する神の怒りは極めて強いので、寛大な憐れみは彼らをますます悪くする結果になるだけである。それに反して、厳格な憐れみこそがいささかでも彼らを矯正することになろう。だから、いずれにせよ、彼らを追放することである。

ルター派牧師たちにも牧師の使命として次のような記述をしている。

> とくにあなたたちのもとにユダヤ人が居住しているなら、あなた方牧師は領主・支配者に対し、ユダヤ人に労働をさせ、高利貸しを禁止し、瀆神《とくしん》と呪詛《じゅそ》を止めさせることが彼ら［支配者］の職務であり、義務であることを心にとどめ、思い起こすように繰り返し述べるべきである。彼らがわれわれキリスト教徒の間で盗み、強盗、殺人、瀆神その他の悪徳を罰するならば、かかる犯罪をわれわれの間で、われわれに対して犯す悪魔たるユダヤ人がどうして罰せられずにいられるのか。

まさしく、ルター派教会の牧師と領邦の世俗君主らが協力体制を築き、領邦教会体制を確立していく姿をみることができる。

このルター晩年のユダヤ人論に対して、ツヴィングリの後継者でチューリヒの改革者ブリンガー▲は、ブツァーに宛てた一五四三年十二月の手紙で批判して

▼ハインリヒ・ブリンガー（一五〇四〜七五）　ケルン大学に学び、その地でルターやメランヒトンの著作を知り、福音主義の考え方に導かれる。一五二三年に一九歳でカペルのシトー派修道院の教師となり、ツヴィングリと交流をもった。三一年ツヴィングリの戦死後、その後継者に若くして選出される。一万二〇〇〇通をこえる往復書簡が残されていることからわかるように、ヨーロッパ各地の人々に書簡をつうじて強い影響をおよぼした。カルヴァンに対してだけでも三〇〇通も残されている。その他多数の著作を残し、そのなかには神学関係だけではなく、『宗教改革史』や『スイス史』の著作がある。

いる。ユダヤ人弾劾のルターの発言を「吐き気を催させる雄弁さ」「年老いた神学者にはふさわしくない無思慮な饒舌《じょうぜつ》」だと書いている。ブリンガーも都市内にユダヤ人を受け入れることには反対であったが、ルターの姿勢は改革者たちのなかでも異常に映っていたことは確かである。

シュマルカルデン戦争とルターの死

一五四〇年以降、シュマルカルデン同盟側の勢力が弱められる事件があいついだ。まず、四〇年に同盟の中心人物ヘッセン方伯フィリップが重婚事件を起こした。ルターは旧約世界の族長の例を持ち出し了解を与えたが、帝国法上では重婚は死刑にあたっていた。そのために、彼はシュマルカルデン同盟の領袖の地位から離れ、影響力をまったく失った。その上プロテスタント側の精神的指導者ルターが四六年二月に死亡し、同年六月にはシュマルカルデン同盟の軍事指導者であったザクセン公モーリッツが皇帝から差し出された選帝侯位という餌につられて皇帝側に寝返った。一方、外交面では一五四四年九月に皇帝カール五世はクレピーの和約▲で対仏戦争にけりをつけ、ドイツ問題に全力で取り

▼**クレピーの和約**　一五四四年九月にカール五世とフランソワ一世とが締結した和約。これによりフランソワ一世はミラノ公国などのイタリアへの請求権を諦めたので、カールは国内のシュマルカルデン戦争に勢力を向けることができた。また、翌四五年に教皇パウルス三世に協力して、トリエント公会議の開催を可能にさせた。

組める状況になった。この機会をとらえて、皇帝はシュマルカルデン戦争（一五四六～四七）を起こし、軍事的にルター派諸侯に勝利した。

ルターはシュマルカルデン戦争を知らずに、一五四六年二月十八日の朝、旅先のアイスレーベンで六二歳の生涯を閉じた。彼の死に付き添った人物はルターの古くからの友人ヨーナス▲とアイスレーベンの牧師ミヒャエル・ケリウスであった。彼らはルターの死去した翌月の三月にルターの死に関する詳細な報告書を書いている。それによると、ルターは二人の画家によって死後の姿を描かれたという。どちらかの原画がクラーナハ工房に持ち込まれ、クラーナハ親子がそれぞれルターの死の姿を描いている。その一枚の絵には、後世の手になると思われる書き込みがある。

　生きているとき私はお前にとってペストだった。
　だが、私が死んだら、それは同時にお前の死でもあるだろう。教皇よ。

ルターは死してなお教皇との戦いに駆り出されている。死の床のルター像は全部で一四枚も残されているが、その制作意図はルターの安らかな死を伝えている。異端ルターの死は恐ろしい苦痛に満ちたものになるだろうというカトリ

▼**ユストゥス・ヨーナス**（一四九三～一五五五）　エアフルト大学で学び、強く人文主義の影響を受ける。一五二一年ヴィッテンベルク大学の教会法の教授になり、ルターの忠実な協力者として活躍する。マールブルク宗教会談、アウクスブルク帝国議会など宗教改革のすべての主要なできごとに関与した。四二年ハレの教区監督となり、ルターの最後の旅行に随行した。シュマルカルデン戦争後ハレから追放され、各地を放浪し不安定な生活を送った。

▼**ハンス・グルデンムント**（一四九〇?～一五六〇）　ニュルンベルクの印刷業者。有名無名の多くの画家を雇い、宗教的・政治的時事問題を戯画的に誇張された作品を制作している。

ック側の予言を否定するためであった。また、死後すぐにグルデンムント▲の手になるルターの死を伝える木版画ビラも出まわっている。そこには八二行のエレジー（哀歌）が書かれ、ルターの死が安らかなものでなかったと告げた敵対者たちを責め、ルターの安らかな死を伝えている。

一方、妻のカタリーナ・フォン・ボラは悲しい死にあっている。ルターがなくなったあと、一五四六年のシュマルカルデン戦争の折に、ヴィッテンベルクは皇帝軍の攻撃を受けたので、カタリーナは子どもたちとともにマクデブルクに逃れた。翌四七年七月にヴィッテンベルクにもどるが、経済的には極めて困窮していた。プロイセン公アルブレヒトやデンマーク王クリスティアン三世の援助を受け、やっと立ちなおったが、五二年にペストの流行と凶作のためにヴィッテンベルクを離れて、カタリーナはトルガウに向かった。しかし、トルガウの市門の前で、馬車の事故にあって、寛骨（骨盤の左右の壁を形成する骨）を折り、三週間後の一五五二年十二月二十日になくなっている。彼女の正確な墓所はわからず、トルガウの教会に墓碑銘入りの記念盤があるだけである。ルター本人の墓はヴィッテンベルクの城教会内にある。

クラーナハによる死の床のルター

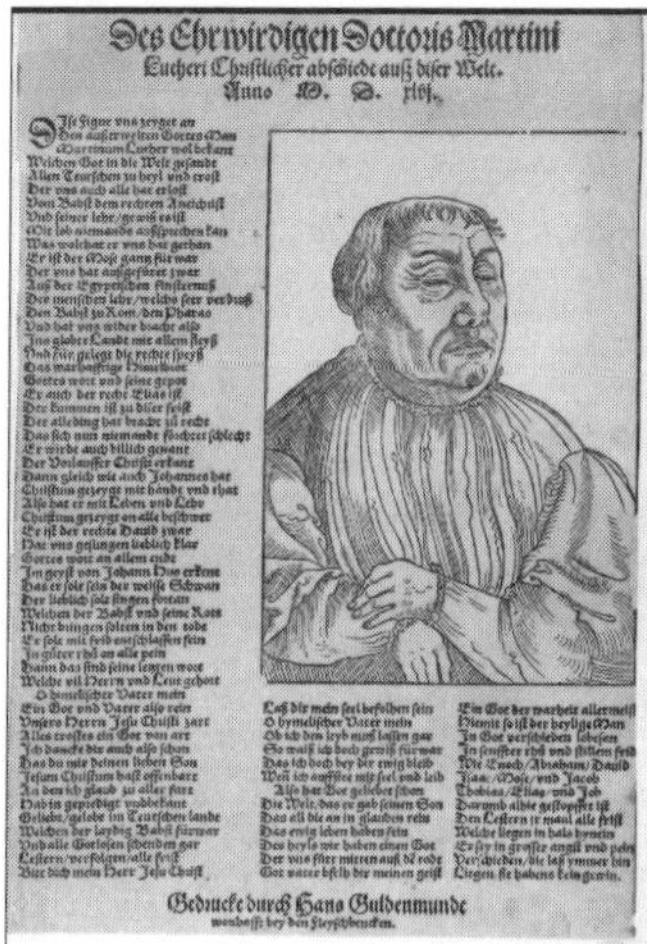
Des Ehrwirdigen Doctoris Martini
Lutheri Christlicher abschiede auß diser Welt.
Anno M. D. xlvj.

Gedruckt durch Hans Guldenmundt
wonhafft bey den Fleyschbencken.

ルターの死を伝えるグルデンムントの木版画ビラ

ルターが死去した家

ヴィッテンベルクの城教会内部　手前右隅にルターの墓所がある。奥にフリードリヒ賢侯像も見える。

アウクスブルク宗教平和

シュマルカルデン戦争の勝利を背景に、カール五世は宗教的・政治的に強硬な政策を取りはじめ、とくに息子フェリペを神聖ローマ帝国の帝位継承者にしてドイツとスペインを恒久的に結合しようとはかった。この試みはドイツ諸侯の利害を完全に無視したもので、カトリック諸侯からも強い反感を買うことになった。一五四七年に選帝侯になっていたモーリッツもふたたび寝返って、カールに敵対した。その結果、五二年の諸侯戦争ではカールは大敗することになった。敗北感にとらわれたカールはスペインにもどり、この後はドイツの政治を弟のフェルディナントにまかせることになった。

フェルディナントは五五年にアウクスブルクに帝国議会を招集し、その議決として宗教平和令を公布した。その第三条と第四条において、カトリックとルター派の両宗派の諸侯は相互に相手の宗派の教義、教会慣習などに干渉せずに、平和を維持すべきことを決めている。ルター派はここで容認されることになったが、ツヴィングリ派、カルヴァン派、再洗礼派は依然として正当信仰とは認められなかった。

ルターとその時代

西暦	年齢	おもな事項
1483	0	ルター，アイスレーベンに生まれる
1484	1	ツヴィングリ，ヴィルトハウスに生まれる
1490頃	7	ミュンツァー，シュトルベルクに生まれる
1497	14	メランヒトン，ブレッテンに生まれる
1514	21	アルブレヒト・フォン・ブランデンブルク，マインツ大司教となる
1516	33	エラスムス，『校訂新約聖書』を出版
1517	34	ルター，「95 カ条の論題」発表
1518	35	メランヒトン，ヴィッテンベルク大学教授となる。ルターのアウクスブルク審問（10 月）
1519	36	ツヴィングリ，チューリヒの宗教改革を開始。カール 5 世，神聖ローマ皇帝に選出される（6 月）。ルター，ライプツィヒ討論会（6-7 月）
1520	37	ルターに対する破門威嚇勅書「主よ，立ちて」が出される（6 月）。ルター，破門威嚇勅書，教会法などの書物を焼却
1521	38	ルターに対する破門勅書「ローマ教皇にふさわしく」が出される（1 月）。ルター，ヴォルムス帝国議会に召喚，アハト刑を宣告される（ヴォルムス勅令）
1521～22		ヴィッテンベルクにおけるカールシュタットの改革
1522	39	ルター，『新約聖書』（九月聖書）のドイツ語訳を完成
1523	40	チューリヒの公開宗教討論会，福音の自由説教を認める
1524～26		ドイツ農民戦争，「12 カ条要求書」
1524	41	ミュンツァー，ミュールハウゼンで「神との永遠同盟」を結成
1525	42	ルター，カタリーナ・フォン・ボラと結婚（6 月）。ドイツ騎士団総長アルブレヒト，彼の領土を世俗化
1526	43	第 1 回シュパイエル帝国議会，宗教改革に自由を与える
1529	46	第 2 回シュパイエル帝国議会，ヴォルムス勅令の再施行。マールブルク会談，ルターとツヴィングリ，聖餐論争で決裂
1530	47	アウクスブルク帝国議会，アウクスブルク信仰告白の朗読
1531	48	シュマルカルデン同盟の創設（2 月）。カペル戦争においてツヴィングリ戦死（10 月）。ニュルンベルク宗教平和
1534～35		再洗礼派，ミュンスターで蜂起
1536	53	ヴィッテンベルク一致信条
1541	58	カルヴァンによるジュネーヴの宗教改革。カールシュタット，バーゼルで死去（12 月）
1544	61	教皇パウルス 3 世，トリエント公会議を召集
1546	63	ルター，アイスレーベンにて死去
1546～47		シュマルカルデン戦争
1546		アウクスブルク帝国議会で仮信条協定の制定
1551		ブツァー，ケンブリッジで死去
1555		アウクスブルク宗教平和
1556		カール 5 世，弟フェルディナントに皇帝権を委譲
1560		メランヒトン，ライプツィヒ旅行後死去

参考文献

今井晋『ルター』(人類の知的遺産 26)講談社，1982 年
ローベルト・シュトゥッペリヒ(森田安一訳)『ドイツ宗教改革史研究』ヨルダン社，1984 年
ロバート・W・スクリブナー，スコット・ディクスン・C(森田安一訳)『ドイツ宗教改革』(ヨーロッパ史入門)岩波書店，2009 年
田中真造『トーマス・ミュンツァー――革命の神学とその周辺』ミネルヴァ書房，1983 年
出村彰『ツヴィングリ』(人と思想シリーズ 第 2 期)日本基督教団出版局，1974 年
徳善義和『マルチン・ルター――生涯と信仰』教文館，2007 年
徳善義和『マルティン・ルター――ことばに生きた改革者』岩波書店，2012 年
中村賢二郎・瀬原義生・倉塚平・田中真造・久米あつみ・森田安一編訳『原典宗教改革史』ヨルダン社，1976 年
成瀬治『ルター――十字架の英雄』(歴史の人間像)誠文堂新光社，1961 年
フリッツ・ビュッサー(森田安一訳)『ツヴィングリの人と神学』新教出版社，1980 年
ペーター・ブリックレ(田中真造・増本浩子訳)『ドイツの宗教改革』教文館，1991 年
ペーター・ブリックレ(前間良爾・田中真造訳)『1525 年の革命――ドイツ農民戦争の社会構造史研究』刀水書房，1988 年
ローランド・ベイントン(青山一浪・岸千年訳)『我ここに立つ――マルティン・ルターの生涯』聖文社，1954 年
前間良爾『ドイツ農民戦争史研究』九州大学出版会，1998 年
松浦純『十字架と薔薇――知られざるルター』(Image collection 精神史発掘)岩波書店，1994 年
松本宣郎編『キリスト教の歴史 1 ――初期キリスト教～宗教改革』(宗教の世界史 8)山川出版社，2009 年
ベルント・メラー(森田安一・棟居洋・石引正志訳)『帝国都市と宗教改革』教文館，1990 年
森田安一『ルターの首引き猫――木版画で読む宗教改革』(歴史のフロンティア)山川出版社，1993 年
森田安一『図説　宗教改革』(ふくろうの本 世界の歴史)河出書房新社，2010 年
森田安一『木版画を読む――占星術・「死の舞踏」そして宗教改革』山川出版社，2013 年
Bott, Gerhard (Hg.), *Martin Luther und die Reformation in Deutschland*, Frankfurt am Main, 1983.
Dickens, Arthur G., *The German Nation and Martin Luther,* London, 1974.
Franz, Günther (Hg.), *Thomas Müntzer: Schriften und Briefe. Kritische Gesamtausgabe*, Gütersloh, 1968.
Lüdecke, Heinz(Hg.), *Lucas Cranach der Ältere im Spiegel seiner Zeit: Aus Urkunden, Chroniken, Briefen, Reden und Gedichten*, Berlin, 1953.
Ott, Joachim und Martin Treu (Hg.), *Luthers Thesenanschlag: Faktum oder Fiktion*, Leipzig, 2008.
Schilling, Heinz, *Martin Luther: Rebell in einer Zeit des Umbruchs*, 4. aktualisierte Auflage, München, 2016.
Skalweit, Stephan, *Reich und Reformation*, Berlin, 1967.

図版出典一覧

Altendorf, Hans-Dietrich und Peter Jezler (Hg.), *Bilderstreit. Kulturwandel in Zwinglis Reformation*, Zürich, 1984. *76*

Babel, Henry et al., *Männer. Eine Idee: Die Reformation*, Genève, 1985. *95*

Badstübner-Gröger, Sibylle und Peter Rindeisen, *Martin Luther: Städte, Stätten, Stationen. Eine kunstgeschichtliche Dokumentation*, 2.Aufl., Berlin, 1992. *6, 7, 9* 中・下 , *11, 19* 中・下 , *33, 53* 上 , *75*

Bott, Gerhard (Hg.), *Martin Luther und die Reformation in Deutschland*, Frankfurt am Main, 1983. *34, 39* (モーリッツ)

Diwald, Hellmut und Karl-Heinz Jürgens, *Lebensbilder Martin Luthers*, Bergisch Gladbach, 1982. *13* 下 , *15, 23* 上 , *37* 上 , *45* 右 , *62, 68, 99* 下

Hofmann, Werner, *Köpfe der Lutherzeit*, München, 1983. *17, 49* 中下 , *55, 59* 上

Leppin, Volker, *Das Zeitalter der Reformation: Eine Welt im Übergang*, Darmstadt, 2009. *12* 上 , *16, 19* 上 , *35, 53* 中 , *54, 57, 61, 69*

Lichtenberger, Johannes, *Pronosticatio zu thentsh*, Mainz, 1492. *3* 下

Ott, Joschim und Martin Treu (Hg.), *Luthers Thesenanschlag: Faktum oder Fiktion*, Leipzig, 2008. *23* 下 , *27* 下

Schuchardt, Günter (Hg.), *Cranach, Luther und die Bildnisse: Katolog zur Sonderausstellung auf der Wartburg*, Regensburg, 2015. *47, 49* 上・中上・下 , *73, 99* 上

Stamm, Rainer (Hg.), *Lucas Cranach der Schnellste*, Bremen, 2009. *27* 上

Stiftung Schloss Friedenstein Gotha und Museumslandschaft Hessen Kassel (Hg.), *Bild und Botschaft: Cranach im Dienst von Hof und Reformation*, Heidelberg 2015. *39* (フリードリヒ3世, ヨハン, ヨハン・フリードリヒ1世, ゲオルク)

Thulin, Oskar (Hg.), *Reformation in Europa*, Leipzig, 1967. *87, 89* 上

Disputatio D. *Martini Luther theologi, pro declaratione virtutis indulgentiarum.* [Basel 1517] (バーゼル図書館) *27* 中

PPS 通信社提供　カバー表 , カバー裏 , 扉 , *39*(フリードリヒ2世, アルブレヒト3世, ハインリヒ4世, エルンスト) , *83*

森田直子氏提供　*12* 下 , *13* 中 , *53* 下

著者提供　*9* 上 , *13* 上 , *23* 中 , *37* 下 , *45* 左 , *59* 下 , *60, 64, 89* 中・下 , *99* 中

森田安一(もりた　やすかず)
1940年生まれ。東京大学大学院人文科学研究科博士課程中退，博士(文学)
専攻，スイス史・宗教改革史
日本女子大学名誉教授

主要著書
『スイス――歴史から現代へ(地域主義・直接民主政・武装中立)』(刀水書房 1980)
『スイス中世都市史研究』(山川出版社 1991)
『ルターの首引き猫――木版画で読む宗教改革』(山川出版社 1993)
『木版画を読む――占星術・「死の舞踏」そして宗教改革』(山川出版社 2013)
『『ハイジ』の生まれた世界――ヨハンナ・シュピーリと近代スイス』(教文館 2017)

世界史リブレット人㊿
ルター
ヨーロッパ中世世界《ちゅうせいせかい》の破壊者《はかいしゃ》

2018年8月20日　1版1刷印刷
2018年8月30日　1版1刷発行

著者：森田安一《もりたやすかず》
発行者：野澤伸平
装幀者：菊地信義
発行所：株式会社 山川出版社
〒101-0047　東京都千代田区内神田1-13-13
電話　03-3293-8131(営業) 8134(編集)
https://www.yamakawa.co.jp/
振替　00120-9-43993
印刷所：株式会社 プロスト
製本所：株式会社 ブロケード
 ISBN978-4-634-35050-2